小学6年生 言葉と文法にぐーんと強くなる

目次

この本の使い方

- 1回から順に、学習しましょう。
- 問題に入る前に、まとめコーナーを読みま
- 問題は、 **1** から順にやります。
- 答え合わせをして、 点数をつけます。つけ方がわからないときはおうちの方に見てもらいましょう。
- まちがえたところを直して、100点にしたら終わりです。

※「カタカナ」は、 本来「かたかな」 と表記しますが、本書では「カタカナ」と表記しています。

KUMON

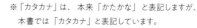

1 仲間の言葉

関係のある言葉

関係のある言葉を仲間に分けて覚えましょう。ここでは、教科に関係のある言葉を取り上げています。

国語
文章・物語・説明文・詩
音読・朗読《ろうどく》・段落《だんらく》・心情
要旨《ようし》・要点・要約

覚えよう

算数
整数・小数・分数・約数・倍数・面積・体積
単位・比例・約分・円柱・平行・垂直《すいちょく》・対角線

理科
発芽・養分・呼吸《こきゅう》・消化・器官・水蒸気《すいじょうき》・蒸発《じょうはつ》
酸性・アルカリ性・でんぷん・酸素・二酸化炭素

社会科
運輸・通信・産業・環境《かんきょう》・資源《しげん》・地図・年表・統計
工業地域《ちいき》・歴史・遺跡《いせき》・文化・政治・幕府《ばくふ》・経済《けいざい》

音楽…楽器・合唱・混声・演奏《えんそう》・音符《おんぷ》・楽譜《がくふ》・輪唱

図画工作…デッサン・デザイン・構図・模型《もけい》・造形・版画

体育…器械運動・陸上競技・球技・水泳・武道・ダンス

1 □と同じ仲間の言葉を、⬚から選んで書きましょう。（一つ3点）

(1) 段落《だんらく》・朗読《ろうどく》・要約・心情　（　　　）

(2) 小数・単位・円柱・平行　（　　　）

(3) 演奏《えんそう》・音符《おんぷ》・合唱・楽譜《がくふ》　（　　　）

(4) 幕府《ばくふ》・工業地域《ちいき》・通信・経済《けいざい》　（　　　）

楽器・約分
年表・物語

得点　　点

2 （　）に合う仲間の言葉を、[　]から選んで書きましょう。（一つ4点）

(1) 資源《しげん》・環境《かんきょう》・（　　）（　　）・統計

(2) 要点・詩・心情・（　　）（　　）

(3) 陸上競技・武道・（　　）（　　）

(4) 消化・蒸発《じょうはつ》・（　　）（　　）・酸性・

器官・アルカリ性・（　　）（　　）

(5) （　　）（　　）・約数・比例・整数・

倍数・体積・（　　）（　　）

ダンス・発芽・対角線
養分・垂直《すいちょく》・段落《だんらく》・政治

3 [　]の言葉を、次の(1)〜(5)の教科に分けて書きましょう。（一つ6点）

(1) 音楽に関係のある言葉。（　　）・（　　）

(2) 算数に関係のある言葉。（　　）・（　　）

(3) 理科に関係のある言葉。（　　）・（　　）

(4) 社会科に関係のある言葉。（　　）・（　　）

(5) 図画工作に関係のある言葉。（　　）・（　　）

でんぷん・地図・合唱・分数・デザイン
面積・構図・歴史・二酸化炭素・演奏《えんそう》

② 反対の意味の言葉①

反対の意味を表す言葉①

言葉の中には、反対の意味を表すものがあります。

厚いパン。 ↔ うすいパン。

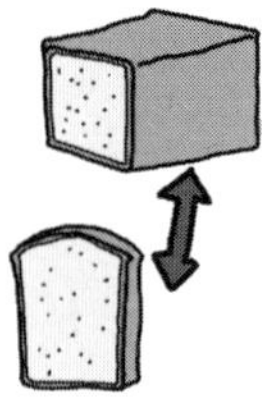

ゴミを拾う。 ↔ ゴミを捨《す》てる。

覚えよう

- 軽いかばん。／重いかばん。
- 浅いプール。／深いプール。
- 高い値段《ねだん》。／安い値段《ねだん》。
- 戸を開ける。／戸を閉《し》める。
- 高いビル。／低いビル。
- 速い車。／おそい車。
- 早くねる。／早く起きる。
- 国が栄える。／国がおとろえる。
- 熱いお茶。／冷たいお茶。
- 易しい問題。／難《むずか》しい問題。
- ゴムが縮《ちぢ》む。／ゴムがのびる。
- 川の水が増える。／川の水が減る。

1 □と反対の意味の言葉を、［　］から選んで書きましょう。（一つ4点）

(1) 高い値段《ねだん》。 ↔ （　　　）

(2) おそい時間。 ↔ （　　　）

(3) 歩くのがおそい。 ↔ （　　　）

(4) 浅い海。 ↔ （　　　）

(5) 人数が増える。 ↔ （　　　）

(6) 早くねる。 ↔ （　　　）

［減る・深い・起きる
速い・安い・早い］

得点　　点

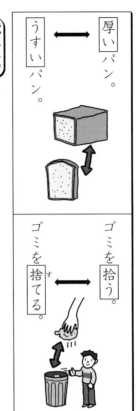

2 □と反対の意味の言葉を、（　）に書きましょう。（一つ6点）

(1) 厚い教科書。↔（　　　　）

(2) 車がおそい。↔（　　　　）

(3) 深いプール。↔（　　　　）

(4) 毛糸がのびる。↔（　　　　）

(5) 水の量が減る。↔（　　　　）

(6) 紙くずを拾う。↔（　　　　）

(7) 市が栄える。↔（　　　　）

(8) 難《むずか》しいクイズ。↔（　　　　）

3 □の反対の意味の言葉を二つとも使って、絵に合う文を作りましょう。（一つ7点）

(1)

速い↔おそい

速い車が、おそい車を追いこす。

(2)

厚い↔うすい

うすく　を

(3)

高い↔低い

(4)

ねる↔起きる

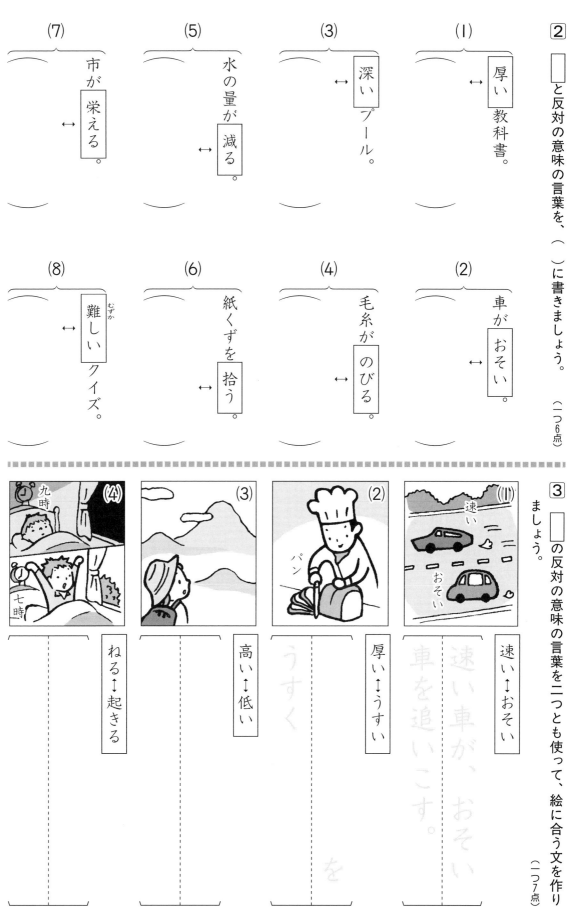

3 反対の意味の言葉②

反対の意味を表す言葉②

2回（4ページ）のほかに、漢字二字の熟語《じゅくご》にも、反対の意味を表すものがあります。

①漢字の一字が同じ言葉の組み合わせ。

安価な品物。⟷ **高価**な品物。

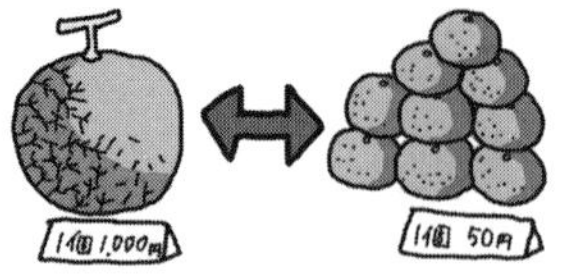

覚えよう

- **満腹**《まんぷく》である。⟷ **空腹**《くうふく》である。
- **直接**的。⟷ **間接**的。
- **連勝**する。⟷ **連敗**する。
- **有効**な切《きっ》ぷ。⟷ **無効**な切《きっ》ぷ。
- **輸入**相手国。⟷ **輸出**相手国。

②全くちがう言葉の組み合わせ。

賛成する人。⟷ **反対**する人。

覚えよう

- 国民の**権利**《けんり》。⟷ 国民の**義務**。
- 人口の**増加**。⟷ 人口の**減少**。
- **単純**《たんじゅん》な仕組み。⟷ **複雑**な仕組み。
- 野菜の**生産**量。⟷ 野菜の**消費**量。
- 人口の**集中**。⟷ 人口の**分散**。

1 □と反対の意味の言葉を、○で囲みましょう。（(1)〜(4)一つ3点、(5)〜(8)一つ4点）

(1) **直接**話をする。
（間接・直行）

(2) **無効**のチケット。
（効果・有効）

(3) **満腹**《まんぷく》になる。
（満足・空腹《くうふく》）

(4) せみの**幼虫**《ようちゅう》。
（成虫・成長）

(5) **容易**に答えられる。
（単純《たんじゅん》・困難《こんなん》）

(6) 実験の**結果**。
（原因・理由）

(7) **反対**の意見。
（対立・賛成）

(8) 輸入量の**増加**。
（減少・減点）

得点　　点

2 □と反対の意味の言葉になるように、□に合う漢字を[ ]から選んで書きましょう。（一つ4点）

(1) 十歳《じっさい》以上の人。 ↔ 以□

(2) 原料を輸出する。 ↔ 輸□

(3) 高価な品物。 ↔ □価

(4) ちょうの成虫。 ↔ □虫

(5) 間接的。 ↔ □接

(6) 最初から話す。 ↔ 最□

(7) 空腹《くうふく》になる。 ↔ □腹

(8) 大会で連勝する。 ↔ 連□

幼《よう》・後・敗・安・入・満・下・直

---

3 □と反対の意味の言葉を、□□に書きましょう。（一つ5点）

(1) ゆっくり前進する。 ↔ □□

(2) その意見に賛成だ。 ↔ □□

(3) たまごの生産。 ↔ □□

(4) 故障《こしょう》の原因。 ↔ □□

(5) 複雑な構造。 ↔ □□

(6) 人口が集中する。 ↔ □□

(7) 困難《こんなん》な問題。 ↔ □□

(8) 国民の権利《けんり》。 ↔ □□

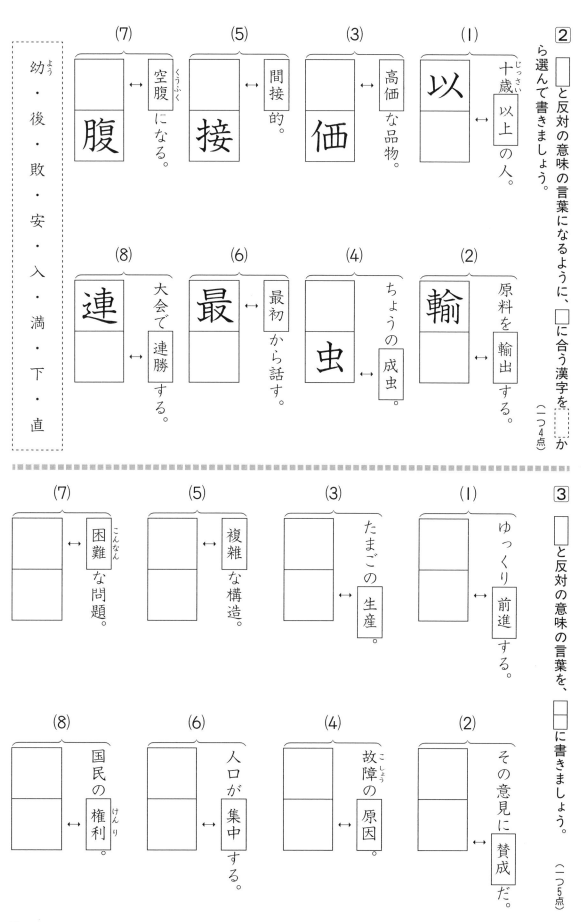

4 似た意味の言葉

得点　　点

意味や使い方のちがい

似た意味の言葉は、いつも同じように使えるわけではありません。

○集団で行動する。
○団体で行動する。

○はちは集団で生活する。
×はちは団体で生活する。

上の文では、「集団」も「団体」も使えますが、下の文では、「団体」は使えません。「団体」は「人の集団」のことを表しているからです。

覚えよう

- ○楽しい出来事があった。
  ×楽しい事件があった。
- ○話題の中心。
  ×話題の中央。
- ○優勝《ゆうしょう》を目標にがんばる。
  ×優勝《ゆうしょう》を目的にがんばる。
- ○料理の材料を買う。
  ×料理の原料を買う。
- ○カーテンの内側。
  ×カーテンの内部。

1 □と置きかえることができる、似た意味の言葉を□から選んで、○で囲みましょう。（一つ6点）

(1) 毎日、夕方の［ニュース］番組を見ている。
新聞　・　報道　・　テレビ

(2) 悲しい［事件］に、多くの人が心を痛《いた》める。
仕事　・　事実　・　出来事

(3) 公園の［中心］に、大きなふん水《すい》がある。
中央　・　中間　・　内側

(4) 修学旅行の学生が［集団］で行動している。
集合　・　団結　・　団体

2 □と似た意味の言葉を、┆　┆から選んで書きましょう。（一つ8点）

(1) 父が、自動車を**修理**に出す。（　　　）

(2) おそろしい**出来事**が起こったらしい。（　　　）

(3) ビルの**建築**現場に大型トラックが入る。（　　　）

(4) この町の**真ん中**には学校がある。（　　　）

(5) 家族全員で**ニュース**番組を見る。（　　　）

建設 ・ 報道 ・ 事件
中心 ・ 修《しゅう》ぜん

3 ――の言葉の使い方が正しい文に、○をつけましょう。（一つ6点）

(1)
（　）ドアの内側で、子ねこが鳴いている。
（　）ドアの内部で、子ねこが鳴いている。

(2)
（　）みつばちの団体が空を飛ぶ。
（　）みつばちの集団が空を飛ぶ。

(3)
（　）あの有名人はいつも話題の中心にいる。
（　）あの有名人はいつも話題の中央にいる。

(4)
（　）妹は、遠足での楽しい事件を話した。
（　）妹は、遠足での楽しい出来事を話した。

(5)
（　）ラジオから報道が流れている。
（　）ラジオからニュースが流れている。

(6)
（　）将来《しょうらい》は建設家になりたい。
（　）将来《しょうらい》は建築家になりたい。

5 いろいろな働きをする言葉①

得点

点

組になって使われる言葉

次のように、いつも組になって使われる言葉があります。

新しいスカーフを買った。
このスカーフは、
まるで羽のように軽い。

「まるで」のあとに「ように（ような）」を組み合わせた言い方で、**たとえ**の意味を表します。

覚えよう

- 決して、このことを人に言ってはいけない。**（禁止）**
- 明日《あす》は、たぶん雨が降《ふ》るだろう。**（おし量る）**
- もし晴れたなら、海へ行こう。**（仮定）**
- 今度、ぜひ家に遊びに来てもらいたい。**（願望）**
- 兄は、全く泳げない。**（打ち消し）**
- まさかそんなことはないだろう。**（打ち消しでおし量る）**
- なぜ、あの木にはいつも鳥が集まるのか。**（疑問《ぎもん》）**
- この本は、少しもおもしろくない。**（打ち消し）**
- どうか、荷物を運んでください。**（願望）**
- 必ず、筆記用具を持ってきなさい。**（強調）**

1 ――の言葉の使い方が正しい文に、○をつけましょう。（一つ2点）

(1)
（　）いくら考えても、全くわからない。
（　）このケーキは全くおいしい。

(2)
（　）兄は、まさかねているのだろう。
（　）まさか有名人に会えるとは思わなかった。

(3)
（　）まるで雪のように白いうさぎだ。
（　）まるでけがをするとは思った。

(4)
（　）今年《ことし》の夏は、決して海へ行きたい。
（　）あの道は危《あぶ》ないから、決して通ってはいけない。

(5)
（　）ぜひ明日《あす》は、雨がふるだろう。
（　）ぜひ一度、その絵を見てみたい。

2 ——の言葉は、どんな意味を表していますか。[ ]から選んで、ア〜ウの記号を書きましょう。（一つ6点）

(1) 兄がいつ帰ってくるのか全く わからない。…（　）

(2) たぶん、先生はもうすぐ来るだろう。…（　）

(3) 今年《ことし》の夏は、ぜひ プールへ行きたい。…（　）

ア 願望　イ 打ち消し　ウ おし量る

3 （　）に合う言葉を、[ ]から選んで書きましょう。（一つ8点）

(1) （　）、空は青いのか。

(2) （　）、時間におくれてはいけません。

(3) （　）こんなに早く着くとは思わなかった。

決して ・ まさか ・ なぜ ・ もし

4 （　）に合う言葉を、[ ]から選んで書きましょう。（一つ8点）

(1) 今度の土曜日、ぜひ映画《えいが》を見に行き（　）。

(2) たぶん父は、夜までには帰ってくる（　）。

(3) なぜ、こんな問題がわからない（　）。

(4) その雨はまるで、氷の（　）冷たかった。

(5) まさか、雪が降《ふ》ることは（　）だろう。

(6) もし出かける（　）、バスで行くとよい。

ない ・ ように ・ なら ・ でも
たい ・ だろう ・ のか

6 いろいろな働きをする言葉②

意味を付け加える言葉

いろいろな言葉について、さまざまな意味を付け加える言葉があります。

「だけ」「しか」「きり」は、それぞれの上の言葉について、限定する意味を付け加えています。

覚えよう

●（程度を表す）
- もう三十分ほど歩いた気がする。
- こぶしぐらいの大きさの石。
- 一時間ばかり昼《ひる》ねをしよう。

●（例を示す）
- ジュースでも買ってきます。
- ばらやゆりなどの花がさいている。
- 冬でさえ、暖《あたた》かい南の島。

●（限定する）
- 旅行のことばかり考えてしまう。
- 夕方までに帰ってくる。（時間の限定）

1 ――の言葉の使い方が正しい文に、○をつけましょう。（一つ5点）

(1)
（　）一時間ばかり休みたい。
（　）東京《とうきょう》ばかり、朝の新幹線で行った。

(2)
（　）もう何時間だけたっている。
（　）水着を忘《わす》れたのは、わたしだけだった。

(3)
（　）スプーンが一本しかない。
（　）となりの町まで二時間しか歩いた。

(4)
（　）ぶどうやメロンなどが店先で売られている。
（　）そこへ行ったのは一度などだ。

(5)
（　）この本は難《むずか》しくて、大人《おとな》でさえ読まない。
（　）いっしょにお茶さえ飲みましょう。

(6)
（　）楽しいことぐらい考えていた。
（　）りんごぐらいの大きさの石。

得点

点

2 （　）に合う言葉を、それぞれあとの[　]から選んで書きましょう。（一つ5点）

(1)
① その犬は、おおかみ（　　）大きかった。
② 天気は、ますますひどくなる（　　）だ。
③ 夜七時から八時（　　）テレビを見る。

ばかり ・ しか ・ ぐらい ・ まで

(2)
① 先生で（　　）わからない問題。
② 一度（　　）のチャンスがおとずれる。
③ よかったら、お茶（　　）飲みませんか。

でも ・ まで ・ きり ・ さえ

3 〈　〉の言葉を使って、絵に合う文を作りましょう。（一つ10点）

(1)

〈ぼくだけ〉

手を挙げていないのは、ぼくだけだった。

(2)

〈二時間ぐらい〉

(3)

〈テレビばかり〉

(4)

〈三本しか〉

7 いろいろな働きをする言葉③

得点

点

動詞にそえて使う言葉

動詞《どうし》にそえて使う言葉があります。

動詞《どうし》のあとに――の言葉をそえることで、いろいろな動作の様子を表します。

覚えよう

- 向こうへ歩いていく。（遠ざかっていく様子）
- こっちに歩いてくる。（近づいてくる様子）
- 道路を歩いている。（今その動作が続いている様子）
- 問題を解いておく。（前もって、その動作をする様子）
- 問題を解いてみる。（ためしに、その動作をする様子）
- 問題は解いてある。（すでに動作が終わった様子）
- 皿を割《わ》ってしまう。（意図に反した動作をする様子）

1 ――の言葉の使い方が正しい文に、〇をつけましょう。（一つ5点）

(1)
（　）子犬がこっちに走っていく。
（　）子犬がこっちに走ってくる。

(2)
（　）姉がピアノをひいている。
（　）姉がピアノをひいてある。

(3)
（　）学校にぼうしを忘《わす》れておく。
（　）学校にぼうしを忘《わす》れてしまう。

(4)
（　）宿題は昨日《きのう》のうちにやってみる。
（　）宿題は昨日《きのう》のうちにやってある。

(5)
（　）駅まで歩いてある。
（　）駅まで歩いていく。

(6)
（　）めずらしい果物《くだもの》を食べてみる。
（　）めずらしい果物《くだもの》を食べてある。

2 ——の言葉が、次の働きで使われている文に、○をつけましょう。（一つ6点）

(1) すでに動作が終わった様子を表す。
（　）借りた本を読んでみる。
（　）借りた本は読んである。

(2) 近づいてくる様子を表す。
（　）子ねこがこちらに歩いてくる。
（　）子ねこがこちらに歩いている。

(3) 前もって、その動作をする様子を表す。
（　）目覚まし時計《どけい》をセットしてみる。
（　）目覚まし時計《どけい》をセットしておく。

(4) 今その動作が続いている様子を表す。
（　）合唱コンクールで、妹のクラスが歌っている。
（　）新しく習った歌を、一人で歌ってみる。

(5) 意図に反した動作をする様子を表す。
（　）バスの中に、ぼうしを忘《わす》れている。
（　）バスの中に、ぼうしを忘《わす》れてしまう。

3 〈　〉の動詞《どうし》のあとに言葉をそえて、意味に合う文を作りましょう。（一つ10点）

(1) 〈走る〉…遠ざかっていく様子。

馬が牧場を
走っていく。

(2) 〈開ける〉…ためしに、その動作をする様子。

(3) 〈済《す》ます〉…前もって、その動作をする様子。

(4) 〈忘《わす》れる〉…意図に反した動作をする様子。

8 復習ドリル①

1 □と反対の意味になる言葉を、□□に書きましょう。（一つ4点）

(1) 原料を［輸入］する。 ↔ □□

(2) せみの［成虫］。 ↔ □□

(3) 空腹《くうふく》の状態。 ↔ □□

(4) 連戦［連勝］する。 ↔ □□

(5) ［賛成］する人。 ↔ □□

(6) ［複雑］な仕組み。 ↔ □□

(7) 民家が［集中］する。 ↔ □□

(8) ［権利《けんり》］を得る。 ↔ □□

2 ――の言葉が、次の働きで使われている文に、○をつけましょう。（一つ5点）

(1) 近づいてくる様子を表す。
（　）犬が庭を走ってくる。
（　）犬が庭を走っている。

(2) 前もって、その動作をする様子を表す。
（　）明日《あす》の持ち物を用意してみる。
（　）明日《あす》の持ち物を用意しておく。

(3) 意図に反した動作をする様子を表す。
（　）電車の中に、かさを忘《わす》れてしまう。
（　）電車の中に、かさを忘《わす》れておく。

(4) すでに動作が終わった様子を表す。
（　）遠足の準備をしてみる。
（　）遠足の準備はしてある。

得点　　点

3 （　）に合う言葉を、それぞれあとの□から選んで書きましょう。（一つ4点）

(1)
① 駅（　　）歩くと、十五分かかる。
② ゴルフボール（　　）の大きさの電球。
③ 昨日《きのう》から、旅行のこと（　　）考えている。

しか・ばかり・まで・ぐらい

(2)
① 弟は、出かけた（　　）もどらない。
② ひまなので、本（　　）読もうかな。
③ 夏で（　　）すずしい高原の朝。

しか・きり・でも・さえ

4 （　）に合う言葉を、□から選んで書きましょう。（一つ4点）

(1) まさか、試合は中止になら（　　）だろう。
(2) なぜ、答えがわからない（　　）。
(3) 来週の日曜日、ぜひ水族館に行き（　　）。
(4) 雨が降《ふ》った（　　）、運動会は中止だ。
(5) たぶん、明日《あす》は雨が降《ふ》る（　　）。
(6) まるで、綿《わた》がしの（　　）雲がうかぶ。

たい・なら・だろう・ない
でも・ようなかな・のか

9 言葉の使い分け①

言葉の使い分け①

文によって、働きのちがう言葉を使い分けることがあります。

㋐ボールが落ちる。
㋑ボールを落とす。

㋐はボールが自然と落ちる様子を、㋑は何か（だれか）の作用によって、ボールが落ちる様子を表し、「〜を」という言い方で使います。

覚えよう

- ｛当たる／当てる｝
- ｛映《うつ》る／映《うつ》す｝
- ｛回る／回す｝
- ｛起きる／起こす｝
- ｛助かる／助ける｝
- ｛覚める／覚ます｝
- ｛始まる／始める｝
- ｛曲がる／曲げる｝
- ｛外れる／外す｝
- ｛流れる／流す｝
- ｛消える／消す｝
- ｛開《あ》く／開《あ》ける｝
- ｛折れる／折る｝
- ｛残る／残す｝
- ｛変わる／変える｝
- ｛終わる／終える｝

1 文に合う言葉を、◯で囲みましょう。（一つ4点）

(1) 木から葉っぱが｛落ちる／落とす｝。
(2) 川の水が、上流から下流へ｛流す／流れる｝。
(3) 妹のためにおやつを半分｛残る／残す｝。
(4) 力をこめて太い針金《はりがね》を｛曲がる／曲げる｝。
(5) 学校では、さまざまな出来事が｛起きる／起こす｝。
(6) 消しゴムを使って文字を｛消える／消す｝。

得点　　点

2 ――の言葉を、文に合う形に書きかえましょう。（一つ3点）

(1) こまが回る。
こまを（回す）。

(2) 窓《まど》が開《あ》く。
窓《まど》を（　　）。

(3) 雨戸が外れる。
雨戸を（　　）。

(4) 授業が終わる。
授業を（　　）。

(5) 一等が当たる。
一等を（　　）。

(6) 数人が残る。
数人を（　　）。

(7) 弟が（　　）。
弟を起こす。

(8) かげが（　　）。
かげを映《うつ》す。

(9) ペンが（　　）。
ペンを落とす。

(10) 目が（　　）。
目を覚ます。

(11) 授業が（　　）。
授業を始める。

(12) 姿《すがた》が（　　）。
姿《すがた》を消す。

3 〈　〉の言葉を使って、二つの文を作りましょう。（二つの文が書けて一つ10点）

(1) 〈映《うつ》る・映《うつ》す〉
池に草花が映る。
鏡に顔を映す。

(2) 〈曲《ま》がる・曲《ま》げる〉
急に
針《はり》金《がね》を

(3) 〈流れる・流す〉
下流に
上流から

(4) 〈変わる・変える〉

10 言葉の使い分け②

様子を表す言葉（形容詞《けいようし》）からできた、動きを表す言葉（動《どう》詞《し》）やものごとを表す言葉（名詞《めいし》）があります。

言葉の使い分け②

教室が 広い。（形容詞《けいようし》）
活動を 広める。（動詞《どうし》）
名前が 広まる。（動詞《どうし》）

深い プール。（形容詞《けいようし》）
深さを 調べる。（名詞《めいし》）
深みに はまる。（名詞《めいし》）

「広い」は様子を表す言葉（形容詞《けいようし》）ですが、「広める」「広まる」は動きを表す言葉（動詞《どうし》）です。また、「深い」も様子を表す言葉（形容詞《けいようし》）ですが、「深さ」「深み」はものごとを表す言葉（名詞《めいし》）です。

覚えよう

- 温かい（形）・温める（動）・温まる（動）
- 深い（形）・深める（動）・深まる（動）
- 低い（形）・低める（動）・低まる（動）
- 固い（形）・固める（動）・固まる（動）
- 重い（形）・重さ（名）・重み（名）
- 痛《いた》い（形）・痛《いた》さ（名）・痛《いた》み（名）
- 楽しい（形）・楽しさ（名）・楽しみ（名）
- 悲しい（形）・悲しさ（名）・悲しみ（名）

1 文に合う言葉を、〇で囲みましょう。（一つ5点）

(1) 冷めたスープを｛温める（〇）／温まる｝。

(2) しばらくしたら、傷口《きずぐち》の血が｛固める／固まる｝。

(3) 何度も会って関係を｛深まる／深める｝。

(4) かべにぶつけた手がとても｛痛《いた》み／痛《いた》い｝。

(5) ｛重い／重み｝にたえきれずに糸が切れる。

(6) ぼくの｛楽しみ／楽しい｝は週末の野球だ。

得点　　点

2 ――の言葉を、文に合う形に書きかえましょう。（一つ5点）

(1) ドラマは深い感動をあたえた。
本を読んで知識を（深める）。
親子の愛情が（深まる）。

(2) 弱い力で、ボールをそっと投げる。
コンロの火力を（　　）。
台風の勢力が（　　）。

(3) 温かいスープを飲む。
もう一度弁当を（　　）。
火にかけて二分で牛乳《ぎゅうにゅう》が（　　）。

(4) 固い約束をかわす。
冷蔵庫《れいぞうこ》でゼリーを（　　）。
いつの間にかねん土《ど》が（　　）。

3 〈　〉の言葉を、ものごとを表す言葉（名詞《めいし》）に書きかえて、文を作りましょう。（一つ6点）

(1) 〈重い〉……荷物の重さを量る。

(2) 〈深い〉……二つのプールは　　がちがう。

(3) 〈痛《いた》い〉……

(4) 〈楽しい〉……

(5) 〈悲しい〉……

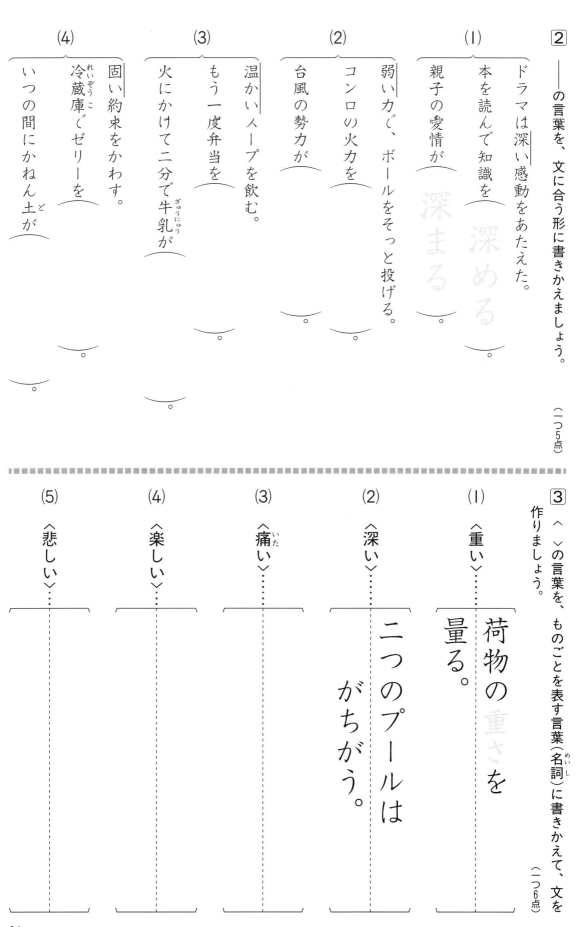

11 和語・漢語・外来語①

三つの種類の言葉

①**和語**（古くから日本語として使われていた言葉）。

畑

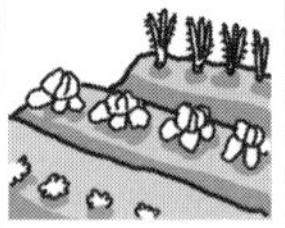

かつお

祭り

例
- 桜
- 早い
- 話す
- はっきり

和語は、漢字の訓《くん》読《よ》みの言葉で、やわらかい感じがします。

②**漢語**（昔、中国から入った言葉や、日本で漢字を組み合わせて作った音《おん》読《よ》みの言葉）。

学校

音楽

金魚

例
- 多数
- 遠足
- 新聞紙
- 高速道路

漢語は、漢字の音《おん》読《よ》みの言葉で、かたい感じがします。

③**外来語**（主に近代になって、世界の国々《くにぐに》から入った言葉や、日本で外国語をもとに作られた言葉）。

コンパス

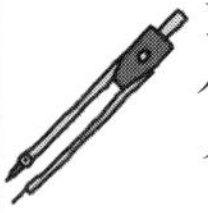

ドーナツ

ズボン

例
- ステーキ
- カルテ
- ポスト
- デッサン

外来語は、ふつうカタカナ（かたかな）で書き表します。

1 「和語・漢語・外来語」を説明した次の文の｛　｝に合う言葉を、〇で囲みましょう。（一つ3点）

(1) ｛和語／漢語｝は、古くから日本語として使われていた言葉です。

(2) ｛和語／漢語｝は、昔、中国から入ってきた言葉です。

(3) ｛外来語／漢語｝は、主に近代になって、世界の国々《くにぐに》から入った言葉で、ふつう｛ひらがな／かたかな｝で書き表します。

(4) ｛和語／漢語｝は漢字の訓《くん》読《よ》みの言葉でやわらかく、｛和語／漢語｝は漢字の音《おん》読《よ》みの言葉で、｛かたい／やさしい｝感じがします。

得点

点

2 次の言葉で、和語には「和」、漢語には「漢」、外来語には「外」を書きましょう。（一つ3点）

(1) 音楽……（　　）
(2) コンパス……（　　）
(3) ズボン……（　　）
(4) かつお……（　　）
(5) 金魚……（　　）
(6) ラケット……（　　）
(7) 桜……（　　）
(8) 新聞紙……（　　）
(9) デッサン……（　　）
(10) はっきり……（　　）
(11) ノート……（　　）
(12) 高速道路……（　　）
(13) 話す……（　　）
(14) ステーキ……（　　）
(15) 多数……（　　）

3 「和語・漢語・外来語」を説明した、次の文の（　）に合う言葉を、□から選んで書きましょう。（(1)(2)一つ4点、(3)一つ5点）

(1) ①（　　）は、古くから日本語として使われていた、漢字の②（　　）読《よ》みの言葉で、③（　　）感じがします。

(2) ①（　　）は、昔、中国から入ってきた、漢字の②（　　）読《よ》みの言葉で、③（　　）感じがします。

(3) ①（　　）は、主に近代になって、世界の国々《くにぐに》から入った言葉で、ふつう②（　　）で書きます。

外来語・ひらがな・和語・漢語・音《おん》
かたい・訓《くん》・かたかな・やわらかい

12 和語・漢語・外来語②

言葉の感じのちがい

和語・漢語・外来語では、それぞれ同じことがらを表していても、言葉から受ける印象がちがうことがあります。

宿屋《やどや》（和語）

旅館《りょかん》（漢語）

ホテル（外来語）

三つとも、人が宿《しゅく》はくするしせつのことですが、例えば、「宿屋」は親しみやすい感じで、「旅館」は和風の建物、「ホテル」は洋風のビルというように、それぞれの印象がちがいます。

例

- 果物《くだもの》（和語）／果実《かじつ》（漢語）／フルーツ（外来語）
- 決まり（和語）／規則《きそく》（漢語）／ルール（外来語）
- 牛乳《ぎゅうにゅう》（漢語）／ミルク（外来語）
- 速さ（和語）／速度《そくど》（漢語）／スピード（外来語）

1 次の□に合う言葉を書いて、表を完成させましょう。（一つ6点）

和語	(1)	決まり	(5)
漢語	(2)	(3)	旅館
外来語	フルーツ	(4)	(6)

2 次の和語と漢語のうち、□にふつう和語のほうしか使わない文に、○をつけましょう。（一つ4点）

(1) 人《ひと》（和語）・人間《にんげん》（漢語）

（　）□の体の仕組みを図解した本を見る。

（　）□には言えないことを相談する。

(2) 食べ物（和語）・食物《しょくもつ》（漢語）

（　）好きな□を注文する。

（　）日本は、さまざまな□を輸入している。

得点

点

言葉の使い方のちがい

和語と漢語では、似ている言葉でも、同じように言いかえられない場合もあります。

○武士が合戦《かっせん》をした。
○武士がいくさをした。

○雪合戦《ゆきがっせん》をして遊ぶ。
×雪《ゆき》いくさをして遊ぶ。

上の文では、「合戦」でも「いくさ」でも同じように使えますが、下の文では、「いくさ」は使えません。

言葉の組み立て

言葉には、次の六通りの組み合わせがあります。

①和語＋和語　例 花畑《はなばたけ》・星形《ほしがた》・平泳《ひらおよ》ぎ・細長《ほそなが》い
②和語＋漢語　例 足《た》し算《ざん》・麦茶《むぎちゃ》・指人形《ゆびにんぎょう》・城下町《じょうかまち》
③和語＋外来語　例 色《いろ》ガラス・エプロン姿《すがた》・輪《わ》ゴム
④漢語＋漢語　例 音楽隊《おんがくたい》・水泳大会《すいえいたいかい》・家族旅行《かぞくりょこう》
⑤漢語＋外来語　例 ラジオ放送《ほうそう》・石油《せきゆ》ストーブ
⑥外来語＋外来語　例 カレーライス・スクールバス

3 次の組み立てに合う言葉を、［　］から選んで、記号を書きましょう。（一つ4点）

(1) 和語＋和語……（　　）・（　　）
(2) 和語＋漢語……（　　）・（　　）
(3) 和語＋外来語……（　　）・（　　）
(4) 漢語＋外来語……（　　）・（　　）

［㋐麦茶　㋑石油ストーブ　㋒花畑　㋓色ガラス　㋔ラジオ放送　㋕平泳ぎ　㋖輪ゴム　㋗足し算］

4 ——の言葉を、〈　〉の言葉に書きかえます。［　］から選んで書きましょう。（一つ8点）

(1) 母の郷里《きょうり》を訪《おとず》れる。〈和語〉（　　）
(2) ミルクを飲む。〈漢語〉（　　）
(3) うれしい知らせ。〈外来語〉（　　）

［ニュース・牛乳《ぎゅうにゅう》・ジュース・ふるさと］

13 決まった言い方をする言葉①

慣用句①

二つ以上の言葉が結びついて、ある特別の意味を表すようになった言葉を「慣用句」といいます。

手が空く

（ひまになる。）

手を貸す

（手助けをする。）

手をつくす

（あらゆるやり方で努力する。）

☞慣用句には、「手」以外にも、体の部分の言葉を使ったものが、たくさんあります。

覚えよう

- 耳を貸す（相手の話を聞こうとする。）
- 耳を疑《うたが》う（あり得ない話を聞いて、信じられない気持ちになる。）
- 顔がきく（よく知られていて、無理を通せる。）
- 顔から火が出る（とてもはずかしい思いをする。）
- 胸《むね》に刻《きざ》む（忘《わす》れないように、しっかりと覚えておく。）
- 胸《むね》を打つ（心に強く感じる。）

1 下の意味の慣用句になるように、合うほうを○で囲みましょう。（一つ4点）

(1) ｛手・耳｝を疑《うたが》う…あり得ない話を聞いて、信じられない気持ちになる。

(2) ｛胸《むね》・口｝を打つ…心に強く感じる。

(3) ｛顔・頭｝がきく…よく知られていて、無理を通せる。

(4) ｛耳・頭｝が下がる…相手に感心し、尊敬《そんけい》する。

(5) ｛歯・口｝が重い…あまりしゃべらない。

(6) ｛手・足｝を貸す…手助けをする。

得点　　点

2 次の慣用句の意味に合うものを[　]から選んで、記号を書きましょう。（一つ8点）

(1) 胸《むね》に刻《きざ》む……（　）

(2) 耳を貸す……（　）

(3) 顔から火が出る……（　）

(4) 手をつくす……（　）

(5) 口をとがらせる……（　）

(6) 頭をひねる……（　）

ア あらゆるやり方で努力する。
イ 相手の話を聞こうとする。
ウ 忘《わす》れないように、しっかりと覚えておく。
エ よく考える。
オ とてもはずかしい思いをする。
カ 不満な顔つきをする。

3 （　）に合う言葉を[　]から選んで、下の意味に合う慣用句を作りましょう。（一つ4点）

(1) （　）を貸す……人の話を聞こうとする。

(2) （　）が下がる……相手に感心し、尊敬《そんけい》する。

(3) （　）を長くする……今か今かと待つ。

(4) （　）が重い……あまりしゃべらない。

(5) （　）をつくす……あらゆるやり方で努力する。

(6) （　）を打つ……心に強く感じる。

(7) （　）がきく……［よく知られていて、無理を通せる。］

胸《むね》・頭・手・口・顔・耳・首

14 決まった言い方をする言葉②

慣用句②

慣用句は、13回（26ページ）で取り上げたもののほかに、動物や道具などの言葉を使ったものもあります。

先生に会うので、えりを正す。

（きちんとして、気を引きしめる。）

試合に負けて、なみだを飲む。

（くやしいことをがまんする。）

いそがしいのに、油を売る。

（仕事のとちゅうで、むだ話などをする。）

覚えよう

- 虫がいい　（自分の都合ばかり考えて、ずうずうしい。）
- 気が長い　（のんびりしている。）
- 図に乗る　（思いどおりになって、いい気になる。）
- きゃっ光《こう》を浴びる　（注目を集める。）
- 玉にきず　（ほぼ完ぺきだが、ほんの少しだけ欠点があること。）
- 花を持たせる　（手がらをゆずって、相手を引き立たせる。）
- 恩に着る　（人からの親切をありがたく思う。）
- 牛の歩み　（ものごとの進み具合がおそいことのたとえ。）

1 下の意味の慣用句になるように、合うほうの言葉を〇で囲みましょう。（一つ4点）

(1) ｛なみだ・牛乳《ぎゅうにゅう》｝を飲む…くやしいことをがまんする。

(2) ｛鉄・油｝を売る…仕事のとちゅうで、むだ話などをする。

(3) ｛玉・足｝にきず…ほぼ完ぺきだが、ほんの少しだけ欠点があること。

(4) ｛馬・牛｝の歩み…ものごとの進み具合がおそいことのたとえ。

(5) ｛虫・運｝がいい…自分の都合ばかり考えて、ずうずうしい。

(6) ｛石・恩《おん》｝に着る…人からの親切をありがたく思う。

得点　　点

2　（　）に合う言葉を□から選んで、下の意味に合う慣用句を作りましょう。（一つ4点）

(1)（　　）が長い…のんびりしている。

(2)（　　）を持たせる…手がらをゆずって、相手を引き立たせる。

(3)（　　）をかける…ものごとの進み具合をはやめる。

(4)（　　）を正す…きちんとして、気を引きしめる。

(5)（　　）が浅い…日数がたっていない。

(6)（　　）に乗る…思いどおりになって、いい気になる。

(7)（　　）を浴びる…注目を集める。

日・はく車《しゃ》・気・図
きゃっ光《こう》・花・えり

3　（　）に合う慣用句を□から選んで、記号を書きましょう。（一つ8点）

(1) 百点を取ったことが、勉強に（　　）。

(2) 妹に（　　）ため、ゲームでわざと負けた。

(3) 水泳大会で一位になり、（　　）。

(4) 新学期が始まってから、まだ（　　）。

(5) 勉強しないで百点を取ろうなんて、（　　）話だ。

(6) 弟は元気だが、調子に乗るところが（　　）だ。

ア　虫がいい
イ　日が浅い
ウ　玉にきず
エ　花を持たせる
オ　きゃっ光《こう》を浴びる
カ　はく車《しゃ》をかけた

15 決まった言い方をする言葉③

ことわざ①

昔から人々の間で言い伝えられてきた言葉を、「ことわざ」といいます。
ことわざは、ふだんの生活に役立つ教訓や知識などを、短い言葉で表したものです。

焼《や》け石《いし》に水《みず》
（少しの努力ではききめがないこと。）

七転《ななころ》び八起《やお》き
（何度失敗しても、負けずにがんばること。）

覚えよう

- 良薬《りょうやく》は口《くち》に苦《にが》し（自分のためになる忠告《ちゅうこく》は、聞くのがつらくきびしいということ。）
- 好《す》きこそ物《もの》の上手《じょうず》なれ（好きなことは熱心にするので、自然と上手《じょうず》になるものだということ。）
- 百聞《ひゃくぶん》は一見《いっけん》にしかず（何度も人から聞いたり本を読んだりするよりも、自分で実際に見るほうがよくわかるということ。）
- 後《こう》かい先《さき》に立《た》たず（終わったことを残念に思っても、取り返しがつかないこと。）
- 灯台《とうだい》もと暗《くら》し（身近なことはわかりにくく気づかないということ。）

※ここでは、中国から伝わった、「故事成語《こじせいご》」の言葉も取り上げています。

1 下の意味のことわざになるように、合うほうを◯で囲みましょう。（⑴⑵一つ4点、⑶〜⑹一つ5点）

(1) ｛焼け石／火事｝に水…少しの努力ではききめがないこと。

(2) ｛火／灯台｝もと暗し…身近なことはわかりにくく気づかないということ。

(3) ｛苦手／好き｝こそ物の上手《じょうず》なれ…好きなことは熱心にするので、自然と上《じょう》手《ず》になるということ。

(4) ｛七転び／八転び｝八起き…何度失敗しても、負けずにがんばること。

(5) ｛立つ鳥／後《こう》かい｝先に立たず…終わったことを残念に思っても、取り返しがつかないこと。

(6) ｛三人／十人｝寄《よ》ればもんじゅのちえ…三人集まれば、よい考えが出てくるということ。

得点
点

2 次のことわざの意味に合うものを［　］から選んで、記号を書きましょう。（一つ6点）

(1) 七転び八起き……（　　）

(2) 良薬は口に苦《にが》し……（　　）

(3) 後《こう》かい先に立たず……（　　）

(4) 三人寄ればもんじゅのちえ……（　　）

(5) 好きこそ物の上手《じょうず》なれ……（　　）

ア　自分のためになる忠告《ちゅうこく》は、聞くのがつらくきびしいということ。
イ　何度失敗しても、負けずにがんばること。
ウ　三人集まれば、よい考えが出てくるということ。
エ　好きなことは熱心にするので、自然と上手《じょうず》になるということ。
オ　終わったことを残念に思っても、取り返しがつかないこと。

3 ことわざと、その意味に合うように、（　）に合う言葉を［　］から選んで書きましょう。（一つ7点）

(1) ①（　　）もと暗し…②（　　）なことはわかりにくく気づかないことのたとえ。

(2) ①（　　）は口に苦《にが》し…自分のためになる忠告《ちゅうこく》は、聞くのが②（　　）きびしいということ。

(3) ①（　　）は一見にしかず…何度も人から聞いたり本を読んだりするよりも、自分で②（　　）に見るほうがよくわかるということ。

身近・百聞・灯台
つらく・良薬・実際

さるは群れをつくってくらす
5・6ぴきかな

16 決まった言い方をする言葉④

ことわざ②

ことわざは、15回（30ページ）で取り上げたほかにも、たくさんあります。中には、よく似た意味のことわざもあります。

ねこに小判《こばん》

ぶたに真《しん》じゅ

このニつのことわざは、「どんなにすばらしいものでも、値《ね》打ちのわからない人にはなんの役にも立たないこと。」という意味です。

覚えよう

- 五十歩百歩《ごじっぽひゃっぽ》
- どんぐりの背比《せいくら》べ

（差があるようでも、それほどのちがいがないこと。）

- 弘法《こうぼう》にも筆《ふで》の誤《あやま》り
- かっぱの川流《かわなが》れ

（どんな名人でも、ときには失敗することがあるというたとえ。）

- 転《ころ》ばぬ先《さき》のつえ
- 備《そな》えあればうれいなし

（前もって準備をしておけば、いざというときに困《こま》らないこと。）

※ここでは、中国から伝わった、「故事成語《こじせいご》」の言葉も取り上げています。

1 下の意味のことわざになるように、合うほうを◯で囲みましょう。 （(1)(2)一つ5点、(3)〜(5)一つ6点）

(1) ねこに｛小判／魚｝…［どんなにすばらしいものでも、値《ね》打ちのわからない人には役に立たないこと。］

(2) ｛五十歩／万歩｝百歩…［差があるようでも、それほどのちがいがないこと。］

(3) ｛備え／お金｝あればうれいなし…［ふだんから準備しておけば、いざというときに困《こま》らないこと。］

(4) ｛たけのこ／どんぐり｝の背比《せいくら》べ…［どれも同じぐらいで変わらないこと。］

(5) ｛かっぱ／かえる｝の川流れ…［どんなに上手《じょうず》な人でも失敗することがあること。］

得点　　点

2 ことわざと、その意味に合うように、（　）に合う言葉を□から選んで書きましょう。（一つ6点）

(1) **ねこに①（　　）**…どんなにすばらしいものでも、値打《ねう》ちのわからない人には②（　　）に立たないこと。

(2) **弘法《こうぼう》にも①（　　）の誤《あやま》り**…どんなにすぐれた人でも、ときには②（　　）することがある。

(3) **転ばぬ先の①（　　）**…失敗をしないように、②（　　）十分に用心すること。

筆・前もって
小判・つえ
失敗・役

3 次の意味に合うことわざを、□から二つずつ選んで、記号を書きましょう。（一つ6点）

(1) 前もって準備をしておけば、いざというときに困《こま》らない。…（　）・（　）

(2) 差があるようでも、それほどのちがいがないこと。……（　）・（　）

(3) どんな名人でも、ときには失敗することがあるというたとえ。（　）・（　）

ア　どんぐりの背比《せいくら》べ
イ　弘法《こうぼう》にも筆の誤《あやま》り
ウ　転ばぬ先のつえ
エ　かっぱの川流れ
オ　備えあればうれいなし
カ　五十歩百歩

17 復習ドリル②

1 ――の言葉を、文に合う形に書きかえましょう。（一つ4点）

(1) 石が（　　　）。
石を落とす。

(2) 目が（　　　）。
目を覚ます。

(3) 枝が折れる。
枝を（　　　）。

(4) 水が流れる。
水を（　　　）。

(5) ボタンが外れる。
ボタンを（　　　）。

(6) 演奏《えんそう》が（　　　）。
演奏《えんそう》を始める。

(7) 姿《すがた》が（　　　）。
姿《すがた》を消す。

(8) ドアが開《あ》く。
ドアを（　　　）。

(9) 料理が残る。
料理を（　　　）。

(10) 姿《すがた》が（　　　）。
姿《すがた》を映《うつ》す。

2 次の組み立てに合う言葉を［　］から選んで、記号を書きましょう。（一つ2点）

(1) 和語＋和語（　　）・（　　）
(2) 漢語＋漢語（　　）・（　　）
(3) 和語＋漢語（　　）・（　　）
(4) 和語＋外来語（　　）・（　　）
(5) 漢語＋外来語（　　）・（　　）
(6) 外来語＋外来語（　　）・（　　）

㋐石油ストーブ　㋑エプロン姿《すがた》　㋒委員会
㋓平泳ぎ　㋔城下町《じょうかまち》　㋕色ガラス
㋖家族旅行　㋗星形　㋘スクールバス
㋙指人形　㋚ラジオ放送　㋛カレーライス

得点　　点

3 （　）に合う言葉を［　］から選んで、記号を書きましょう。（一つ3点）

(1) このペンは安いが、こわれやすいところが（　　　）だ。

(2) 百点を取ったことが、勉強に（　　　）。

(3) 映画《えいが》の主人公のせりふが、わたしの（　　　）。

(4) 妹に（　　　）ため、ゲームでわざと負けた。

(5) （　　　）さがしたが、見つからなかった。

(6) （　　　）して、父が帰ってくるのを待つ。

ア 手をつくして
イ 花を持たせる
ウ 首を長く
エ 玉にきず
オ 胸《むね》を打つ
カ はく車《しゃ》をかけた

4 ことわざと、その意味に合うように、（　）に合う言葉を［　］から選んで書きましょう。（一つ3点）

(1) ①（　　　）は一見にしかず…何度も人から聞いたり本を読んだりするよりも、自分で②（　　　）に見るほうがよくわかるということ。

(2) ①（　　　）先に立たず…終わったことを②（　　　）に思っても、取り返しがつかないこと。

(3) ①（　　　）は口に苦《にが》し…自分のためになる忠告《ちゅうこく》は聞くのが②（　　　）きびしいということ。

残念・良薬・百聞
実際・後《こう》かい・つらく

18 同じ部首の漢字①

部首がもつ意味

部首（漢字に共通する部分）には、それぞれ意味があります。

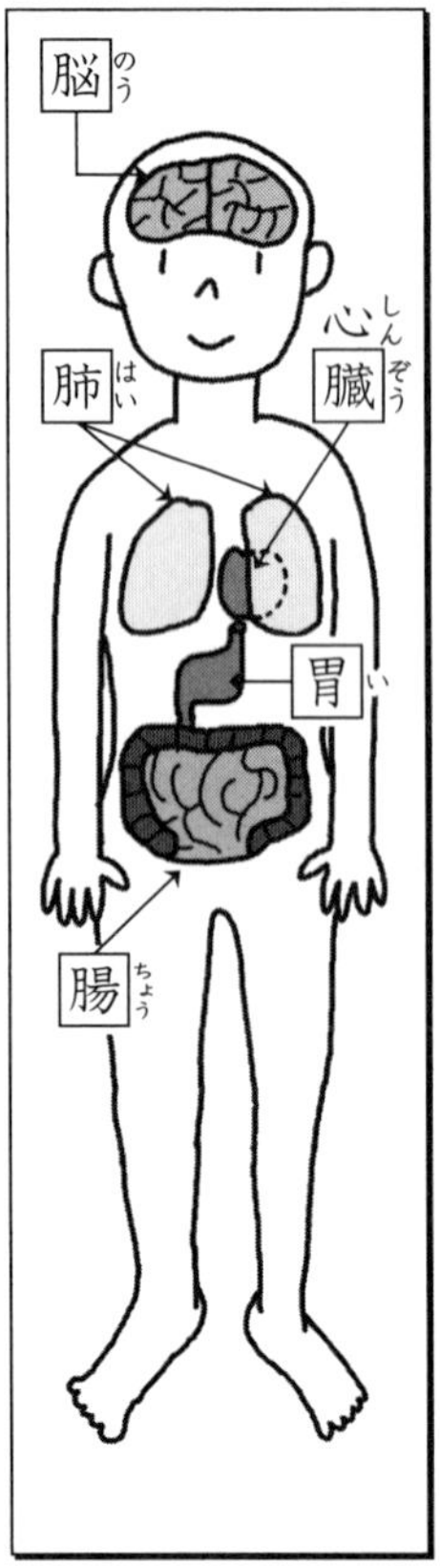

「月（にくづき）」は、元は「肉」で、体に関係のある部首です。

覚えよう

扌（てへん）…手や手の働きに関係がある。
拾・折・技・招・採・接・提・担・持・捨・探・操

氵（さんずい）…水に関係がある。
浅・浴・清・漁・河・液・沿・洗・潮・激

亻（にんべん）…人に関係がある。
位・借・健・働・任・似・個・備・供・傷・優

宀（うかんむり）…家に関係がある。
家・宮・宿・寄・宅・宝

忄（りっしんべん）…心に関係がある。
快・性・情・慣

※部首の名前は、漢字辞典によってことなることがあります。

1 次の部首をもつ漢字に関係があることがらを、〇で囲みましょう。（(1)～(4)一つ3点、(5)(6)一つ4点）

(1) 氵（清・河・液）→（水　雨）に関係がある。

(2) 扌（投・持・拾）→（足　手）に関係がある。

(3) 亻（働・健・借）→（人　物）に関係がある。

(4) 宀（宿・宅・宮）→（家　庭）に関係がある。

(5) 忄（快・情・性）→（人　心）に関係がある。

(6) 月（肺・腸・臓）→（本　体）に関係がある。

得点

点

2 次のことがらに関係がある、同じ部首の漢字を書きましょう。（一つ3点）

(1) 人に関係がある。
健《けん》康《こう》に イ《はたら》く。よく イ《に》た人が通る。

(2) 家に関係がある。
自《じ》宅《たく》に立《た》ち 宀《よ》る。民《みん》 宀《しゅく》にとまる。

(3) 心に関係がある。
忄《こころよ》い風がふく。忄《じょう》熱的《ねってき》な 忄《せい》格《かく》。

(4) 手に関係がある。
探《さが》していたものを 扌《ひろ》う。人形を 操《あやつ》る。

(5) 言葉や言うことに関係がある。
先生に相《そう》 言《だん》する。言《きょ》可《か》 言《しょう》を見せる。

3 次の部首をもつ漢字は、どんなことがらと関係がありますか。□に合う漢字を、［　］から選んで書きましょう。（一つ5点）

(1) イ…□に関係がある。

(2) 氵…□に関係がある。

(3) 宀…□に関係がある。

(4) 言…言葉や□うことに関係がある。

(5) 扌…□や手の働きに関係がある。

(6) 月…□に関係がある。

(7) 忄…□に関係がある。

［水・人・言・手・家・心・体］

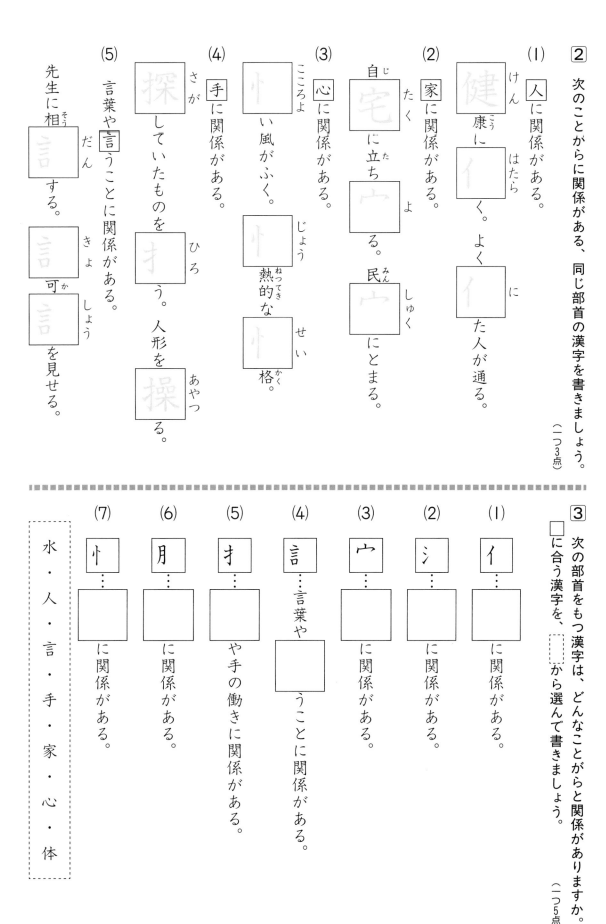

19 同じ部首の漢字②

漢字の部首①

いくつもの漢字に共通している部分を、「部首」といいます。

部分の名前 ▼ へん … 木（きへん） ▲部首の名前
検・構・机・樹・株・棒・模・権

例
- 糸（いとへん）…織・純・納・絹・縦・縮・紅
- 扌（てへん）…批・拡・担・拝・捨・推・探・揮
- 言（ごんべん）…討・訪・訳・詞・誠・誤・誌

つくり … 力（ちから）
助・動・功・効・勤

例
- 刂（りっとう）…判・制・則・刻・割・創・劇
- 攵（のぶん・ぼくづくり ぼくにょう）…救・散・敗・故・政・敵・敬

かんむり … 宀（うかんむり）
容・宇・宗・宣・宅・宙・宝・密

例
- 艹（くさかんむり）…芽・菜・若・著・蒸・蔵
- 𥫗（たけかんむり）…節・管・築・筋・策・簡

※部首の名前は、漢字辞典によってことなることがあります。

1 次の部首をもつ漢字を書きましょう。（(1)〜(3)一つ2点、(4)〜(6)一つ3点）

(1) 文 … 尊《そん》□《けい》する□《せい》治《じ》家《か》に会う。

(2) 宀 … 秘《ひ》□《みつ》の□《ほう》石《せき》を探《さが》す。

(3) 木 … 細い□《ぼう》で地面に□《も》様《よう》をかく。

(4) 言 … 日《にっ》□《し》の字の□《あやま》りを正す。

(5) 刂 … □《そう》立《りつ》の記念の□《げき》に出演する。

(6) 艹 … □《む》した野菜を冷《れい》□《ぞう》庫《こ》にしまう。

得点　　点

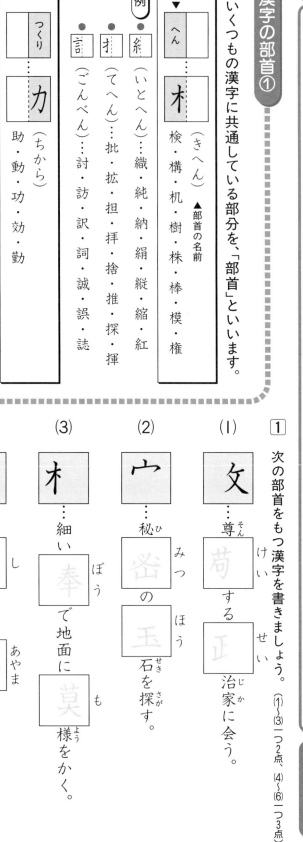

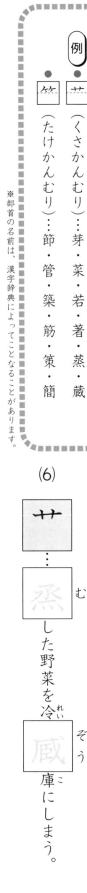

2 次の部首をもつ漢字を書きましょう。（一つ2点）

(1) 糸 …［工］《べに》色《いろ》の［肙］《きぬ》糸《いと》を買う。

(2) 竹 …解決《かいけつ》［束］《さく》を［間］《かん》単《たん》に説明する。

(3) 扌 …計画の［旦］《たん》当者《とうしゃ》を［比］《ひ》判《はん》する。

(4) 力 …長年の［堇］《きん》務《む》の［工］《こう》績《せき》が認《みと》められる。

(5) 刂 …兄はキャベツを［亥］《きざ》む役《やく》［害］《わり》だ。

(6) 木 …大きな［尌］《じゅ》木《もく》の切《き》り［朱］《かぶ》に座《すわ》る。

(7) 艹 …本の［者］《ちょ》者《しゃ》の［右］《わか》さにおどろく。

3 同じ部首の漢字を書きましょう。（一つ3点）

(1) 秘《ひ》［宀］《みつ》の箱に［宀］《ほう》石《せき》をしまう。

(2) 日《にっ》［言］《し》の内容に［言］《あやま》りがあった。

(3) ［刂］《げき》場《じょう》まで案内する役《やく》［刂］《わり》を引き受ける。

(4) あの［艹］《わか》者《もの》は、本の［艹］《ちょ》者《しゃ》だった。

(5) ［力］《きん》務《む》先《さき》で［力］《こう》績《せき》を表《ひょう》しょうされる。

(6) 年老いた［攵］《せい》治《じ》家《か》を尊《そん》［攵］《けい》する。

(7) 校庭の［木］《じゅ》木《もく》の横には、鉄《てっ》［木］《ぼう》がある。

20 同じ部首の漢字③

漢字の部首②

19回(38ページ)のほかにも、漢字の部首には、次のようなものがあります。

部分の名前 ▼

あし … 心 (こころ) ▲部首の名前
想・念・志・恩・態・忘・忠・憲

例 ● 儿 (ひとあし)…先・兄・元・光・児

たれ … 广 (まだれ)
庭・度・康・底・府・序・座・庁

にょう … 辶 (しんにょう・しんにゅう)
述・逆・退・迷・造・過・適・遺

かまえ … 囗 (くにがまえ)
図・国・園・囲・固・因・団・困

例 ● 行 (ぎょうがまえ・ゆきがまえ・いく)…行・街・術・衛

● 冂 (どうがまえ)…円・内・再・冊

※部首の名前は、漢字辞典によってことなることがあります。

1 次の部首をもつ漢字を書きましょう。 ((1)〜(3)一つ2点、(4)〜(6)一つ3点)

(1) 辶 … 世界《せかい》遺《い》産《さん》の建《けん》造《ぞう》物《ぶつ》を見る。

(2) 心 … 父の忠《ちゅう》告《こく》を忘《わす》れない。

(3) 辶 … 橋を通《とお》り過《す》ぎた後に道に迷《まよ》った。

(4) 冂 … 十日以《い》内《ない》に本を二《に》冊《さつ》読み終えたい。

(5) 心 … 友達《ともだち》の忠《ちゅう》告《こく》に感《かん》謝《しゃ》する。

(6) 广 … 庭《にわ》にあるベンチに座《すわ》る。

得点

点

2 次の部首をもつ漢字を書きましょう。（一つ2点）

(1) 儿 …園《えん》[旧]《じ》が公園で[二]《げん》気《き》に遊ぶ。

(2) 广 …県《けん》[丁]《ちょう》を二《に》[支]《ど》おとずれる。

(3) 行 …[韋]《えい》星《せい》放《ほう》送《そう》で海外の美《び》[朮]《じゅつ》館《かん》を見る。

(4) 口 …[寸]《だん》体《たい》客《きゃく》が店員を[木]《こま》らせる。

(5) 心 …初めの[士]《こころざし》を[亡]《わす》れない。

(6) 辶 …[屰]《ぎゃく》の方向に[艮]《たい》場《じょう》する。

(7) 广 …順《じゅん》[予]《じょ》よく都《と》道《どう》[付]《ふ》県《けん》の名前を言う。

3 同じ部首の漢字を書きましょう。（一つ3点）

(1) [心]《ちゅう》告《こく》を[心]《わす》れないように気をつける。

(2) 昨年読んだ二《に》[冂]《さつ》の本の[冂]《ない》容《よう》を思い出す。

(3) 道に[辶]《まよ》い、約束の時間を[辶]《す》ぎてしまう。

(4) [辶]《い》産《さん》の相続。曲に合わせて[辶]《たい》場《じょう》する。

(5) 今《こん》[广]《ど》、家族で県《けん》[广]《ちょう》の展《てん》望《ぼう》室《しつ》に行く。

(6) 美《び》[行]《じゅつ》館《かん》まで[行]《がい》路《ろ》樹《じゅ》の並《なみ》木《き》が続く。

(7) [口]《こま》って周《しゅう》[口]《い》を見回した。

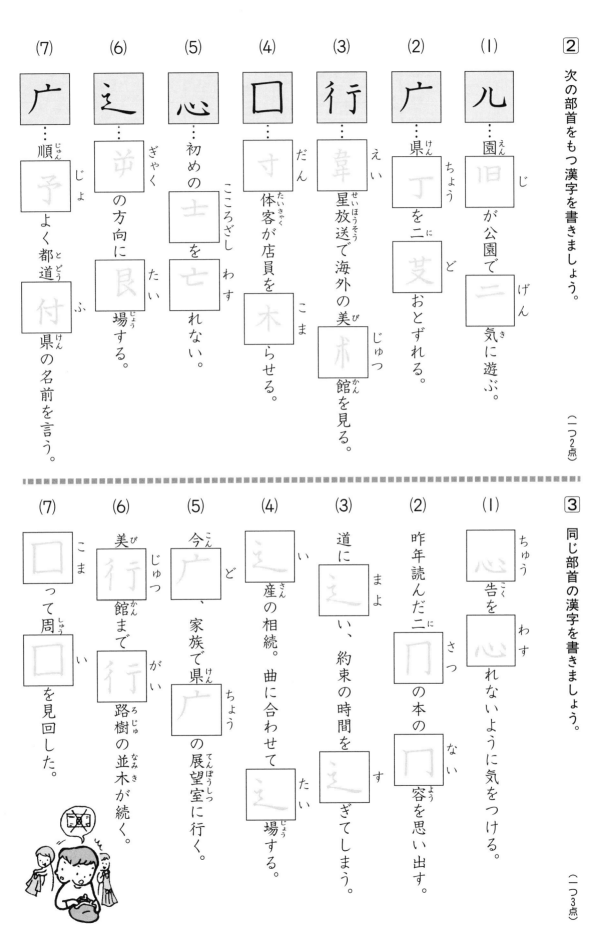

21 関係のある漢字

組になる漢字

漢字には、組になるものがあります。

①反対（対《つい》）の意味。

お金が増える。↔お金が減る。

明るい部屋《へや》。↔暗い部屋《へや》。

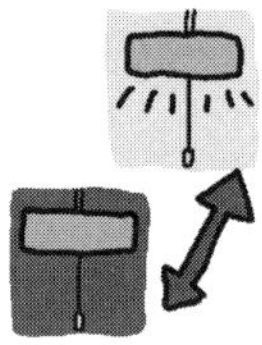

覚えよう

- 勝つ。↔負ける。
- 開《あ》ける。↔閉《し》める。
- 寒い。↔暑い。
- 貧しい。↔富む。
- 損。↔得。

②関係の深い意味。

ミルクを飲む。—かき氷を食べる。

暗い倉庫。—黒いシャツ。

覚えよう

- 起こす。—立てる。
- 増やす。—加える。
- 多い。—大きい。
- 通る。—過ぎる。
- 風。—雨。

1 □と組になる漢字を選んで、○をつけましょう。（一つ6点）

(1) ライトの光が明るい。　（重い・暗い）

(2) うでずもうで弟に勝つ。　（負ける・調べる）

(3) 料理に塩を加える。　（残す・増やす）

(4) ジャムのふたを開ける。　（閉《し》める・回す）

(5) 町の人口はとても多い。　（大きい・厚い）

(6) たおれた自転車を起こす。　（歩く・立てる）

得点　　点

2

□と反対（対《つい》）の意味になる漢字を、[ ]から選んで書きましょう。（一つ5点）

(1) 寒い冬。 ↔ □い夏。

(2) 遠い駅。 ↔ □い公園。

(3) 力が強い。 ↔ 力が□い。

(4) 大きい兄。 ↔ 小さい□。

(5) 物語の始まり。 ↔ 物語の□わり。

(6) 想像力に富む。 ↔ 想像力が□しい。

(7) 先生の問い。 ↔ 生徒の□え。

(8) 試合に勝つ。 ↔ 試合に□ける。

[弟・答・近・貧・暑・弱・終・負]

3

〈 〉の言葉をそれぞれ使って、二つの文を作りましょう。（二つの文が書けて一つ6点）

(1) 〈開ける・閉《し》める〉

かばんを開ける。

窓《まど》を閉める。

(2) 〈多い・少ない〉

(3) 〈明るい・暗い〉

(4) 〈遠い・近い〉

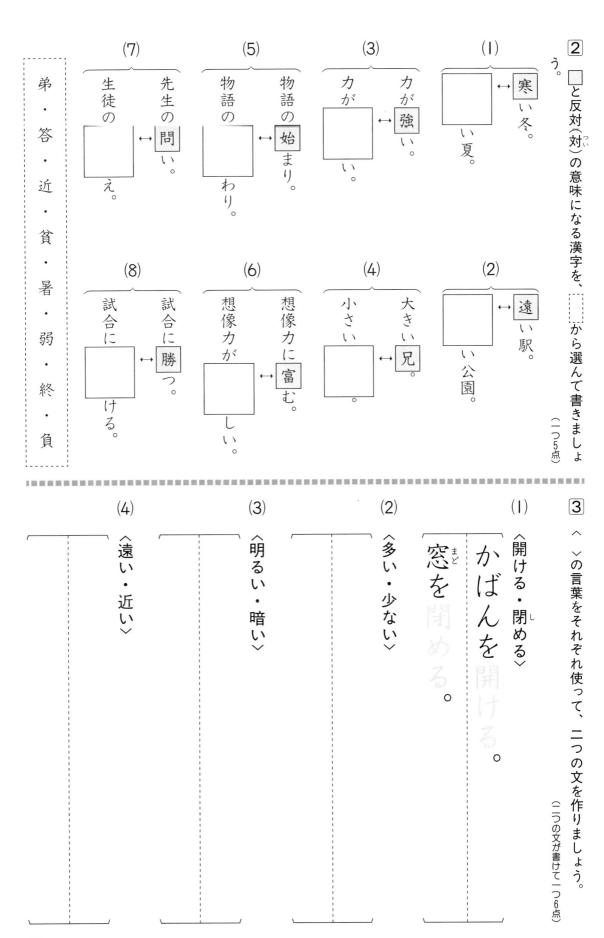

22 漢字のいろいろな読み方①

漢字の音と訓

漢字の読み方には、「音」と「訓」があります。

額
音…ガク→金額《きんがく》を表示する。
訓…ひたい→額《ひたい》にあせをかく。

「額」の音読みは「ガク」、訓読みは「ひたい」です。このように、訓は読みだけで漢字の意味がわかることがあります。

覚えよう

- 夢　音…夢中《むちゅう》になる。　訓…夢《ゆめ》を見る。
- 乱　音…乱暴《らんぼう》に書く。　訓…列が乱《みだ》れる。
- 窓　音…バスの車窓《しゃそう》。　訓…教室の窓《まど》。
- 激　音…感激《かんげき》する。　訓…激《はげ》しい雨。
- 確　音…確実《かくじつ》な答え。　訓…何度も確《たし》かめる。
- 減　音…人口が減少《げんしょう》する。　訓…人数が減《へ》る。
- 備　音…食事の準備《じゅんび》をする。　訓…災害に備《そな》える。
- 傷　音…足を負傷《ふしょう》する。　訓…傷《きず》が治る。

1 ――の漢字の読みがなを書きましょう。（一つ2点）

(1)
列車が通《つう》過（　　）する。
家を通《とお》り過（　　）ぎる。

(2)
先生が出《しゅっ》張（　　）する。
ロープを引《ひ》っ張（　　）る。

(3)
混（　　）雑《ざっ》した車内。
絵の具を混（　　）ぜる。

(4)
長《ちょう》編（　　）小説を読む。
マフラーを編（　　）む。

(5)
招（　　）待《たい》される。
パーティーに招（　　）く。

(6)
遊園地の迷（　　）路《ろ》。
道に迷（　　）ってしまう。

得点
　　点

2 ——の漢字の読みがなを書きましょう。（(1)〜(4)一つ2点、(5)〜(8)一つ3点）

(1)
重《じゅう》傷の人。
傷口《ぐち》を消毒する。

(2)
乱暴《ぼう》に投げる。
服装《ふくそう》が乱れる。

(3)
話に感《かん》激する。
激しい風雨。

(4)
電車の車《しゃ》窓。
窓ガラスをふく。

(5)
豊富《ふ》な水量。
豊かな暮《く》らし。

(6)
人口が増加《か》する。
量が増える。

(7)
太い支柱《ちゅう》。
両手で支える。

(8)
造花《か》をかざる。
橋を造る工事。

3 ——の漢字の読みがなを書きましょう。（一つ3点）

(1)
負傷した人を運ぶ。
傷が治る。

(2)
電車のダイヤが混乱する。
風でかみの毛が乱れる。

(3)
新幹線の窓《まど》から海が見えた。
この木の幹はとても太い。

(4)
文章で自分の考えを表現する。
木のかげからねこが現れる。

(5)
新学期に身体測定があった。
ロープの長さを測る。

(6)
ロケットの燃料。
たき木が燃える。

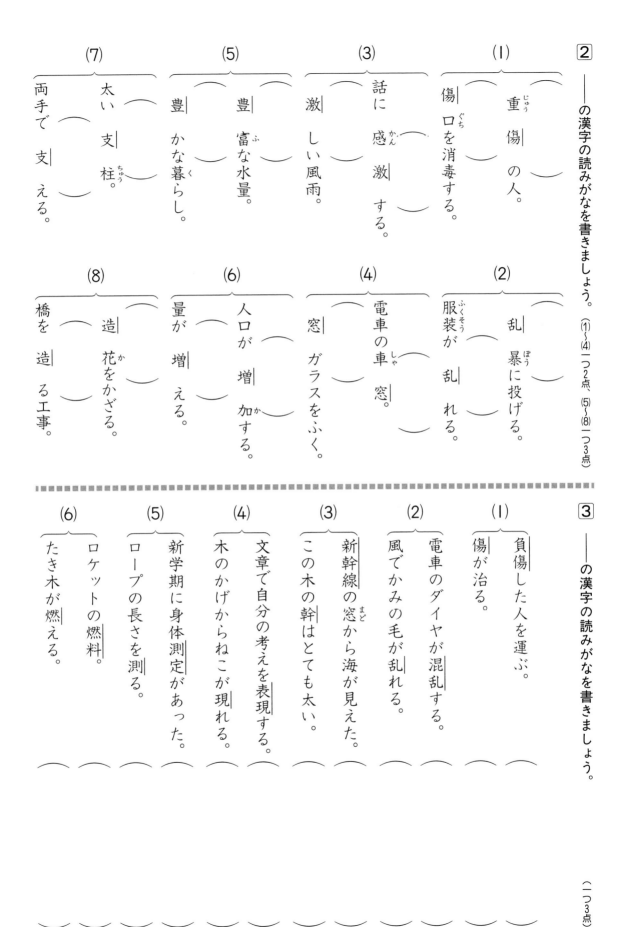

23 漢字のいろいろな読み方②

たくさんの読み方がある漢字

音や訓の読み方を、たくさんもつ漢字があります。

治

音
- ジ→害虫を退治《たいじ》する。
- チ→けがを治《ち》りょうする。

訓
- おさ(める)→国を治《おさ》める。
- なお(る)→虫歯が治《なお》る。

「治める」「治る」のように、送りがなに注目すると、読み方のちがいがわかります。

覚えよう

- 供　音…提供《ていきょう》する。　訓…供《そな》える。お供《とも》。
- 背　音…物語の背景《はいけい》。　訓…背中《せなか》。背比《せいくら》べ。
- 降　音…降水量《こうすいりょう》。　訓…雨降《あめふ》り。降《お》りる。
- 増　音…増加《ぞうか》する。　訓…増《ふ》える。増《ま》す。
- 閉　音…閉会式《へいかいしき》。　訓…閉《と》じる。閉《し》まる。
- 冷　音…冷《れい》とうする。　訓…冷《つめ》たい。冷《ひ》える。冷《さ》める。

1 ――の漢字の読みがなを書きましょう。（一つ3点）

(1)
- 二十回 連（　　）続《ぞく》でなわをとぶ。
- 山がいくつも 連（　　）なる。犬を 連（　　）れて歩く。

(2)
- 責任が重いと自《じ》覚（　　）する。
- 朝すぐに目が 覚（　　）めた。新しい言葉を 覚（　　）える。

(3)
- 九月以《い》降（　　）の行事の予定を伝える。
- 大雨が 降（　　）る。バスを 降（　　）りる。

得点　　点

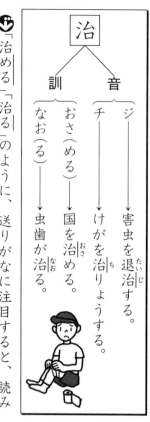

2 ――の漢字の読みがなを書きましょう。（一つ3点）

(1) 悪いことをして反《はん》省する。部分的に省略《りゃく》する。
話がとても長くなるので省く。

(2) 遊び場を提《てい》供してもらう。
墓に花を供える。との様《さま》がお供を連れていく。

(3) 町の人口が急《きゅう》増する。
バスの乗客が増える。川の水かさが増す。

(4) 湖を背景《けい》に写真をとる。
背中《なか》を指でおす。弟と背比《くら》べをする。

3 ――の漢字の読みがなを書きましょう。（(1)(2)一つ3点、(3)一つ4点）

(1) 運動会の閉会式《かいしき》。
劇《げき》の幕《まく》が閉じる。店が六時に閉まる。

(2) 虫歯の治りょうをする。害虫を退《たい》治する。
国を治める。病気が治る。

(3) 料理を冷とうする。冷たいジュース。
手が冷える。スープが冷める。

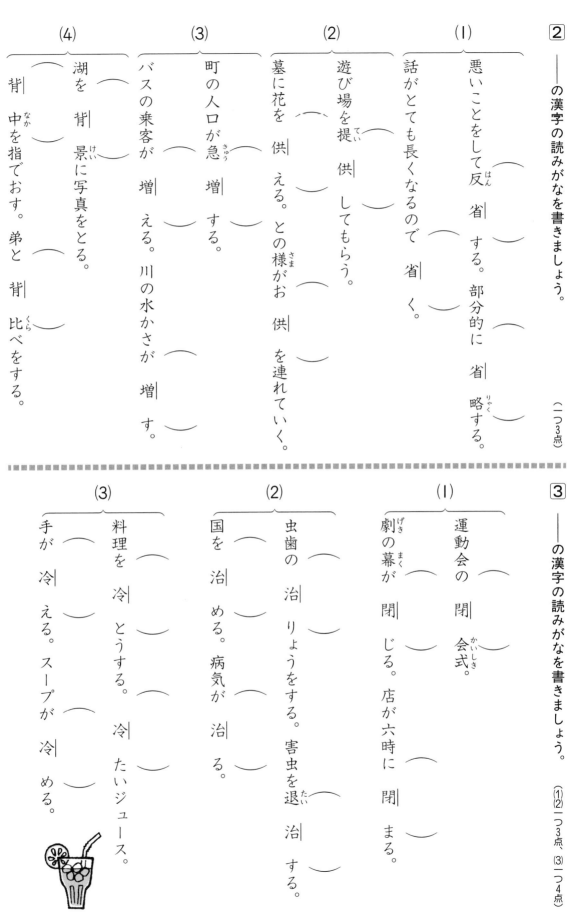

24 特別な読み方をする言葉

得点

点

特別な読み方をする言葉

「今日《きょう》」「明日《あす》」のように、漢字の音や訓どおりではなく、特別な読み方をするものがあります。

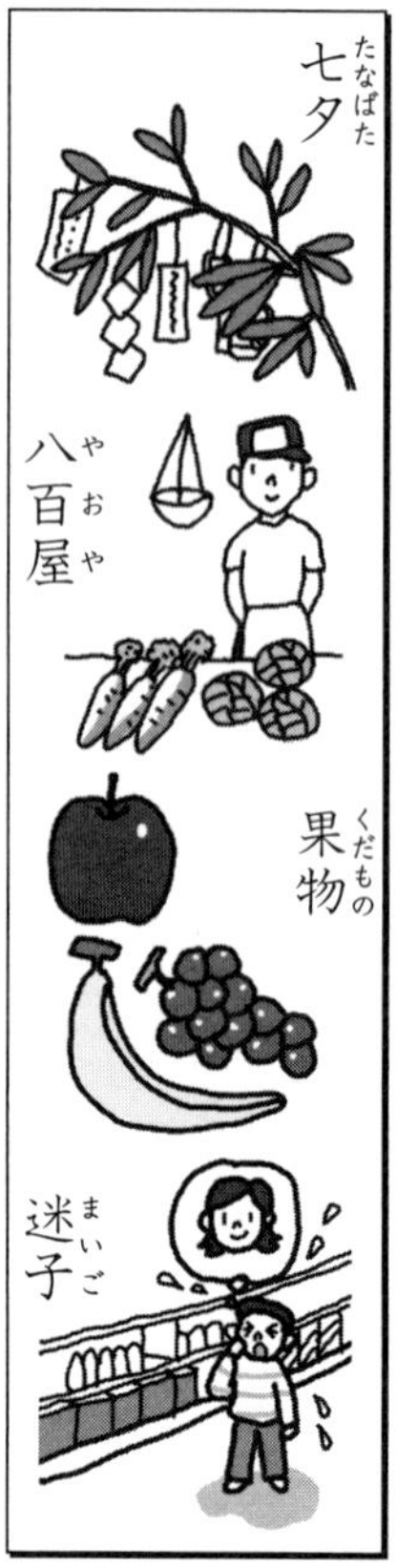

☞漢字の音訓にはない読み方を、言葉全体に当てて読みます。

覚えよう

- 明日《あす》　●お父《とう》さん　●お母《かあ》さん　●大人《おとな》
- 河原《かわら》　●川原《かわら》　●昨日《きのう》　●今日《きょう》　●今朝《けさ》　●景色《けしき》
- 今年《ことし》　●清水《しみず》　●上手《じょうず》　●一日《ついたち》　●手伝《てつだ》う
- 時計《とけい》　●友達《ともだち》　●兄《にい》さん　●姉《ねえ》さん
- 博士《はかせ》　●二十日《はつか》　●一人《ひとり》　●二人《ふたり》　●二日《ふつか》
- 下手《へた》　●部屋《へや》　●真《ま》っ赤《か》　●真《ま》っ青《さお》
- 眼鏡《めがね》

1 ――の言葉の読みがなに合うものを、○で囲みましょう。（一つ4点）

(1) 果物 {かぶつ / くだもの} のあまいかおりがする。

(2) 夏休みに川原 {かわら / かわはら} で花火をした。

(3) 姉は、今年 {いまとし / ことし} 、高校生になった。

(4) 七夕 {たなばた / しちゆう} の日には、祭りがあるらしい。

(5) 夕食の準備をするのを手伝う {てつたう / てつだう} 。

(6) 今月の二十日 {にじゅうひ / はつか} は、終業式だ。

(7) 駅前の広場で、迷子 {まいご / まよいご} を見つけた。

2 ――の言葉の読みがなを書きましょう。（一つ3点）

(1) お母さんは、今日、買い物に行った。

(2) お姉さんが、八百屋さんへ行く。

(3) 友達といっしょに、七夕の祭りへ行く。

(4) 虫《むし》眼鏡をのぞく、もの知り博士。

(5) この部屋から見る景色は最高だ。

(6) 二人の男の子が、顔を真っ赤にして走る。

(7) お兄さんは、絵をかくのが上手だ。

3 〈　〉の言葉を使って、文を作りましょう。（一つ6点）

(1) 〈上手《じょうず》〉

妹が、花の絵を上手にかいた。

(2) 〈今朝《けさ》〉

(3) 〈景色《けしき》〉

(4) 〈果物《くだもの》〉

(5) 〈迷子《まいご》〉

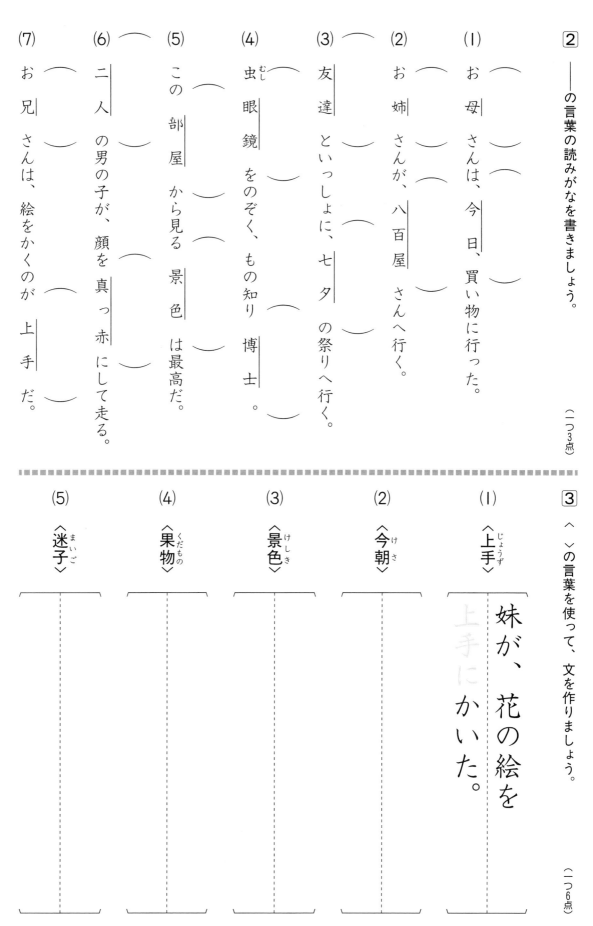

25 復習ドリル③

1 次の部首をもつ漢字は、どんなことがらと関係がありますか。□に合う漢字を、[ ]から選んで書きましょう。（一つ4点）

(1) イ…□に関係がある。

(2) 言…言葉や□うことに関係がある。

(3) 月…□に関係がある。

(4) 氵…□に関係がある。

(5) 忄…□に関係がある。

(6) 扌…□や手の動きに関係がある。

[体・人・心・手・言・水]

2 同じ部首の漢字を書きましょう。（一つ2点）

(1) あの□《わか》者《もの》は□《ちょ》名《めい》な役者だ。

(2) 週刊《しゅうかん》□《し》の記事の内容は□《あやま》りだった。

(3) 秘《ひ》□《みつ》の箱に□《ほう》石《せき》をしまっておく。

(4) □《ちゅう》告《こく》を□《わす》れないように気をつける。

(5) 今《こん》□《ど》、家族で都《と》□《ちょう》の展望室《てんぼうしつ》に行く。

(6) 校庭の記《き》念《ねん》□《じゅ》の横には鉄《てつ》□《ぼう》がある。

得点

点

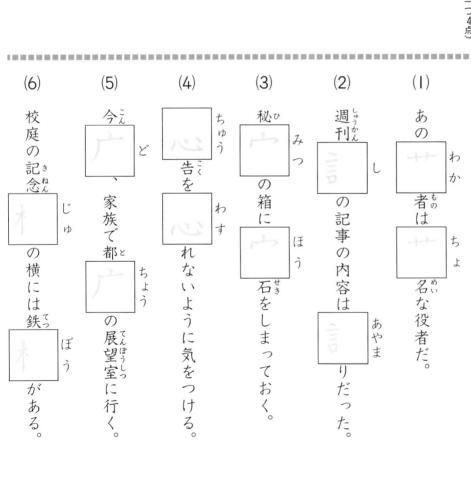

3 ――の漢字の読みがなを書きましょう。（一つ2点）

(1)
水の使用量が増加する。（　）
川の水の量が増える。（　）

(2)
飛行機の燃料。（　）
ろうそくの火が燃える。（　）

(3)
車窓から外をながめる。（　）
窓ガラスをふく。（　）

(4)
電車のダイヤが混乱する。（　）
行進の足並《あしな》みが乱れる。（　）

(5)
事故の負傷者。（　）
傷が治る。（　）

(6)
新幹線の窓《まど》から海が見える。（　）
この木の幹はとても太い。（　）

4 ――の漢字の読みがなを書きましょう。（一つ2点）

(1) 二人（　）の男の子が、顔を真っ赤（　）にして走る。

(2) 友達（　）といっしょに、七夕（　）の祭りへ行く。

(3) もの知り博士（　）が、虫《むし》眼鏡（　）をのぞく。

(4) 八百屋（　）さんで野菜と果物（　）を買ってくる。

(5) 部屋（　）から見える景色（　）は美しい。

(6) 五月の一日（　）は、兄（　）さんの誕生日《たんじょうび》だ。

(7) 川原（　）では、今朝（　）から父がつりをしている。

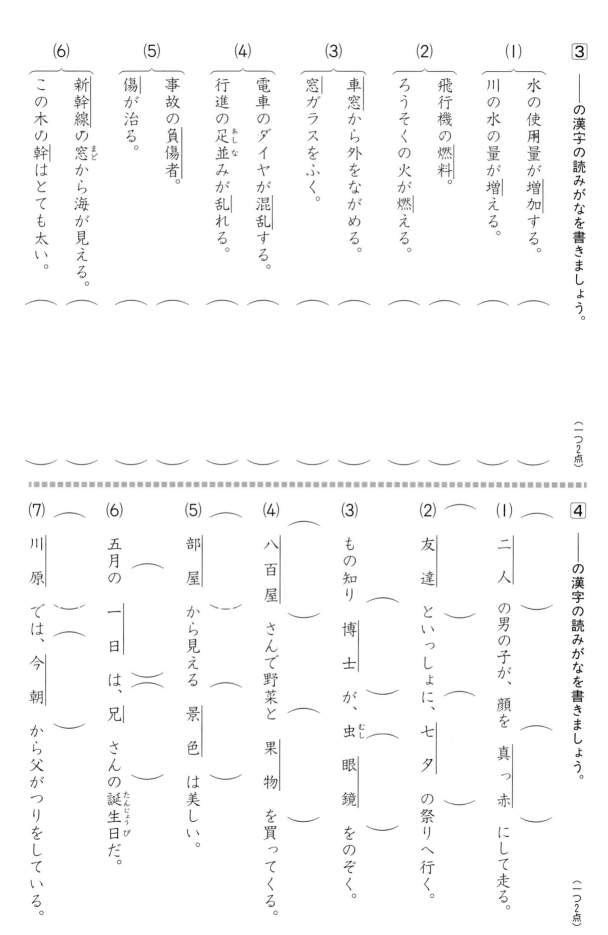

26 文字の由来と特質

得点　　点

日本で使う文字

日本で使われている文字には、次のものがあります。

①漢字。

日本には文字がなく、中国で生まれた漢字が伝わって、日本語を書き表せるようになりました。漢字は音の読み方を示すだけでなく、決まった意味も表す「**表意《ひょうい》文字**」です。

はる（春）＝波留《はる》

なつ（夏）＝奈都《なつ》

初めは、漢字の意味に関係なく、漢字の音を当てて使いました。日本最古の歌集の『万葉集《まんようしゅう》』に多く用いられていることから、「万葉《まんよう》がな」といいます。

②平仮名《ひらがな》と片仮名《かたかな》。

平安《へいあん》時代に、漢字をもとにして、平仮名《ひらがな》と片仮名《かたかな》が作られました。これは、音だけを表す文字なので「**表音《ひょうおん》文字**」といいます。

平仮名《ひらがな》は、万葉がなに使われた漢字をくずして書くところから生まれました。

片仮名《かたかな》は、万葉がなに使われた漢字の形の一部を取り出して、形を変えたものでした。

1 次の説明に合うものを［　］から選んで、記号を書きましょう。（一つ5点）

(1) 中国で生まれた文字。……（　）
(2) ヨーロッパを中心に使われている文字。……（　）
(3) 万葉がなの漢字をくずした文字。……（　）
(4) 古代ローマで用いられた文字。……（　）
(5) 表音《ひょうおん》文字のうち、「あ」「い」「う」などの文字。……（　）
(6) 音だけでなく、意味も表す文字。……（　）
(7) 万葉がなの漢字の一部を取り出した文字。……（　）
(8) コンピューターの入力などで使われる「a」「k」「s」などの文字。……（　）

［㋐漢字　㋑平仮名《ひらがな》　㋒片仮名《かたかな》　㋓ローマ字］

◀平仮名と片仮名の起こり

安 あ	似 い	宇 う	衣 え	於 お
加 か	幾 き	久 く	計 け	己 こ
左 さ	之 し	寸 す	世 せ	曽 そ
太 た	知 ち	川 つ	天 て	止 と
奈 な	仁 に	奴 ぬ	祢 ね	乃 の
波 は	比 ひ	不 ふ	部 へ	保 ほ
末 ま	美 み	武 む	女 め	毛 も
也 や		由 ゆ		与 よ
良 ら	利 り	留 る	礼 れ	呂 ろ
和 わ	為 ゐ		恵 ゑ	遠 を
无 ん				

阿 ア	伊 イ	宇 ウ	江 エ	於 オ
加 カ	幾 キ	久 ク	介 ケ	己 コ
散 サ	之 シ	須 ス	世 セ	曽 ソ
多 タ	千 チ	川 ツ	天 テ	止 ト
奈 ナ	二 ニ	奴 ヌ	祢 ネ	乃 ノ
八 ハ	比 ヒ	不 フ	部 ヘ	保 ホ
万 マ	三 ミ	牟 ム	女 メ	毛 モ
也 ヤ		由 ユ		与 ヨ
良 ラ	利 リ	流 ル	礼 レ	呂 ロ
和 ワ	井 ヰ		恵 ヱ	乎 ヲ
尓 ン				

※ただし、元の字がはっきりしないものや、別の字からできたと考えられるものもあります。

③ローマ字。

ローマ字は、古代ローマで用いられた文字で、ヨーロッパを中心に使われるようになりました。ローマ字も表音《ひょうおん》文字で、現在では、コンピューターなどの文字入力に使われるなど、ローマ字にふれる機会が増えてきました。

コンピューターのローマ字入力に使います。
また、建物や駅の看板《かんばん》、道路の標識など、身の回りのいろいろな所で使われます。

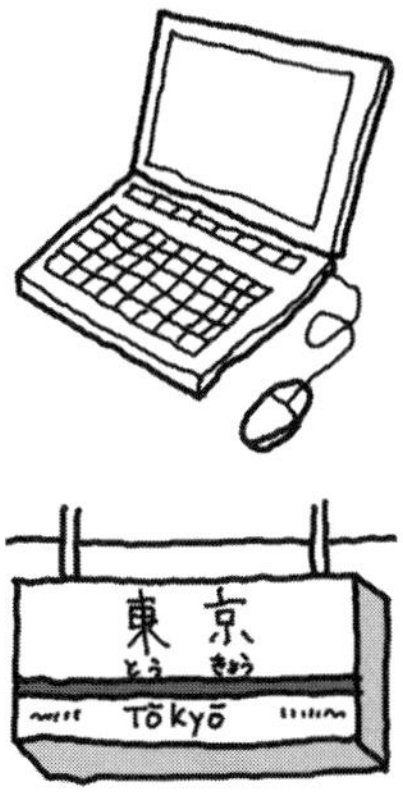

2 表意《ひょうい》文字には「意」を、表音《ひょうおん》文字には「音」を書きましょう。（一つ5点）

(1) 平仮名《ひらがな》……（　　）
(2) 片仮名《かたかな》……（　　）
(3) 漢字……（　　）
(4) ローマ字……（　　）

3 次の漢字から、どんなかながができたでしょう。□にかなを書きましょう。（一つ4点）

(1) 利…平仮名《ひらがな》の□
(2) 千…片仮名《かたかな》の□
(3) 世…平仮名《ひらがな》の□
(4) 加…片仮名《かたかな》の□
(5) 末…平仮名《ひらがな》の□
(6) 比…片仮名《かたかな》の□
(7) 知…平仮名《ひらがな》の□
(8) 多…片仮名《かたかな》の□
(9) 寸…平仮名《ひらがな》の□
(10) 江…片仮名《かたかな》の□

27 漢字の成り立ち①

漢字のでき方

漢字の成り立ちには、大きく分けて、次の四つがあります。

①目に見える物の形をかたどった漢字（象形文字《しょうけいもじ》）。

→火　火の形からできた字。

例 ●→山　●→馬

②目に見えないことがらを印や記号を使って表した漢字（指事《しじ》文字）。

→本　木の根元に印をつけた字。

例 ●→上　●→下

③漢字の意味を組み合わせた漢字（会意《かいい》文字）。

木＋木→林　「木」と「木」で、木が多い「はやし」を表した字。

例 ●口＋鳥→鳴　●亻（人）＋言→信

④意味を表す部分（部首）と音《おん》を表す部分を組み合わせた漢字（形声《けいせい》文字）。

木＋反《ハン》→板《ハン》　意味を表す「木」と、音《おん》を表す「反《ハン》」で、「いた」を表した字。

例 ●⺮（竹）＋間《カン》→簡《カン》　●亻（人）＋共《キョウ》→供《キョウ》　●言＋敬《ケイ》→警《ケイ》

1 次の絵からできた漢字を、○で囲みましょう。（一つ2点）

(1) 
馬　雨

(2) 
山　子

(3) 
目　月

(4) 
鳥　島

(5) 
羽　引

(6) 
月　耳

(7) 
耳　車

(8) 
馬　手

(9) 
人　心

(10) 
日　犬

得点　　点

2 次の成り立ちに合う漢字を、[　]から選んで書きましょう。（一つ4点）

(1)

↓ □

(2)

↓ □

(3)
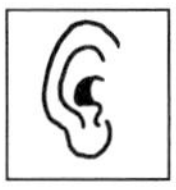
↓ □

(4)

↓ □

(5)

↓ □

(6)

↓ □

雨・鳥・犬・子・耳・心

3 次の二つの漢字が組み合わさってできた漢字を、□に書きましょう。（一つ2点）

(1) 人＋言→□

(2) 木＋木→□

(3) 山＋石→□

(4) 口＋鳥→□

4 次の(1)〜(4)の成り立ちに合う漢字を、[　]から選んで、□に書きましょう。（一つ4点）

(1) 目に見える物の形をかたどった漢字。 □・□・□

(2) 目に見えないことがらを印や記号を使って表した漢字。 □・□・□

(3) 漢字の意味を組み合わせた漢字。 □・□・□

(4) 意味を表す部分と音を表す部分を組み合わせた漢字。 □・□・□

簡・上・耳・信
馬・本・林・警
供・象・末・鳴

28 漢字の成り立ち②

得点 点

組み合わせてできた漢字

27回（54ページ）の③と④のように、すでにある漢字や漢字の部分を組み合わせてできた漢字があります。

③漢字の意味を組み合わせた漢字。

人＋木→休　「亻（人）」と「木」で、人が「やすむ」様子を表した字。

例
●山＋石→岩
●重＋力→動

④意味を表す部分（部首）と音《おん》を表す部分を組み合わせた漢字。

米＋分《フン》→粉《フン》　意味を表す「米」と、音《おん》を表す「分《フン》」で、「こな」を表した字。

意味を表す部分は、部首になっています。

例
●氵（水）＋原《ゲン》→源《ゲン》
●言＋司《シ》→詞《シ》
●扌（手）＋舎《シャ》→捨《シャ》
●阝＋章《ショウ》→障《ショウ》
●月＋蔵《ゾウ》→臓《ゾウ》
●广＋丁《チョウ》→庁《チョウ》
●糸＋工《コウ》→紅《コウ》
●糸＋従《ジュウ》→縦《ジュウ》
●金（金）＋広《コウ》→鉱《コウ》
●相《ソウ》＋心→想《ソウ》
●中《チュウ》＋心→忠《チュウ》
●明《メイ》＋皿→盟《メイ》

1 次の漢字の音の読みがなに合うものを、◯で囲みましょう。（一つ1点）

(1) 飼　（シ）　ショク

(2) 障　ソウ　ショウ

(3) 縦　ジュウ　セイ

(4) 忠　シン　チュウ

(5) 庁　ヒョウ　チョウ

(6) 臓　ゾウ　ゲツ

(7) 詞　シ　ゲン

(8) 捨　テ　シャ

(9) 盟　メイ　サラ

(10) 紅　コウ　イト

2 次の漢字に共通する部首を、[　]から選んで書きましょう。（一つ3点）

(1) 笛・箱・筆・節　□

(2) 海・湖・油・流　□

(3) 思・感・想・念　□

(4) 投・拾・技・採　□

(5) 板・根・植・松　□

(6) 作・代・位・健　□

心・氵・亻・木・⺮・扌

3 次の漢字の部首の部分を□に、漢字の音を表す部分を（　）に書きましょう。（一つ3点）

(1) 粉　部首 □（米）　音（分）

(2) 詞　部首 □　音（　　）

(3) 捨　部首 □　音（　　）

(4) 盟　部首 □　音（　　）

(5) 縦　部首 □　音（　　）

(6) 障　部首 □　音（　　）

(7) 源　部首 □　音（　　）

(8) 紅　部首 □　音（　　）

(9) 想　部首 □　音（　　）

(10) 庁　部首 □　音（　　）

(11) 臓　部首 □　音（　　）

(12) 忠　部首 □　音（　　）

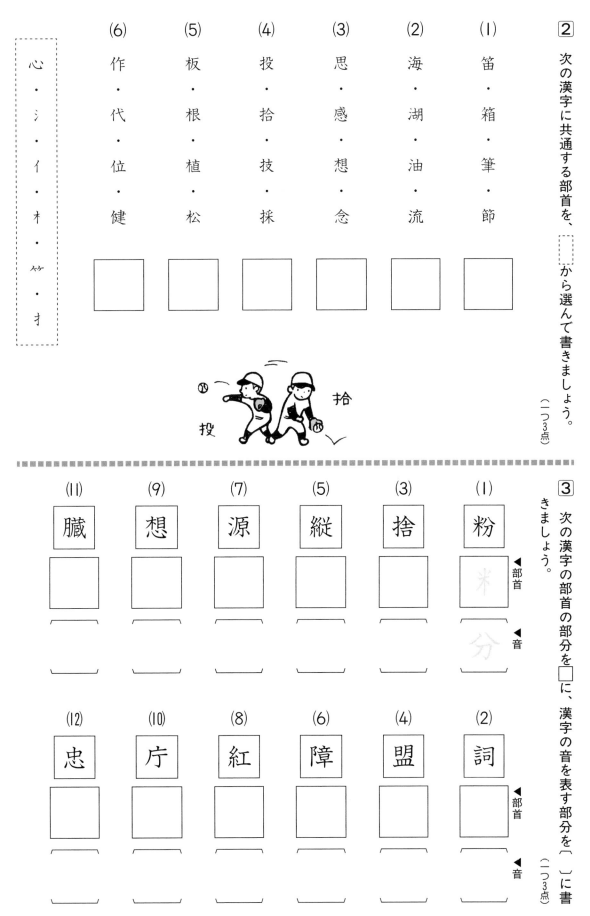

29 形の似た漢字①

同じ部分をもつ漢字

ある字が、ほかの漢字の一部になることがあります。

先 ― 洗

先《さき》に行く。
洋服を洗《あら》う。

「洗」の中には、「先」の字が入っています。

覚えよう

- 次 ― 姿　次回《じかい》。容姿《ようし》。
- 共 ― 供　共同《きょうどう》。供《そな》える。
- 不 ― 否　不要《ふよう》。否定《ひてい》。
- 市 ― 肺　市場《いちば》。肺機能《はいきのう》。
- 直 ― 値 ― 植 ― 置　直進《ちょくしん》。値段《ねだん》。植《う》える。設置《せっち》。
- 少 ― 秒 ― 砂　少《すく》ない。十秒《じゅうびょう》。砂場《すなば》。
- 司 ― 詞 ― 飼　司会《しかい》。歌詞《かし》。飼育《しいく》。
- 方 ― 防 ― 訪　方向《ほうこう》。防《ふせ》ぐ。訪問《ほうもん》。
- 軍 ― 揮 ― 運　軍手《ぐんて》。指揮《しき》。運転《うんてん》。

1 ――の読みがなに合う漢字を、○で囲みましょう。
（⑴～⑶一つ4点、⑷⑸一つ5点）

⑴ 家に帰って手をあら｛洗　先｝う。

⑵ 墓に花をそな｛供　共｝える。

⑶ 父が友人の家をほう｛防　訪｝問《もん》する。

⑷ 水泳を続けてはい｛市　肺｝機能《きのう》を高める。

⑸ うわさをひ｛不　否｝定《てい》する。

得点
点

2 □の部分をもつ漢字を、□に書きましょう。（一つ3点）

(1) 少…□《すな》はまで遊ぶ。□《びょう》数《すう》を計る。

(2) 軍…指《し》□《き》者《しゃ》になる。□《うん》賃《ちん》を計算する。

(3) 司…歌《か》□《し》を覚える。□《し》育《いく》係《がかり》になる。

(4) 反…昼《ひる》□《めし》を作る。□《はん》画《が》を刷る。

(5) 方…落下を□《ふせ》ぐ。友人の家を□《ほう》問《もん》する。

(6) 直
□《ね》段《だん》を見る。足元にかばんを□《お》く。
みんなで木を□《う》える。

---

3 同じ部分をもつ漢字を書きましょう。（一つ3点）

(1) □《あら》い物《もの》が増える。□《せん》生《せい》の話を聞く。

(2) 三《さん》□《びょう》間《かん》、目を閉《と》じる。□《すな》場《ば》で遊ぶ。

(3) □《ぼう》寒《かん》のため服を着る。□《ほう》問《もん》の約束をする。

(4) 歌《か》□《し》を作る。うさぎを□《し》育《いく》する。

(5) 合奏《がっそう》を指《し》□《き》する。毎日□《うん》動《どう》をする。

(6)
意見箱を設《せっ》□《ち》する。□《ね》段《だん》が下がる。
□《う》え木《き》の手入れをする。

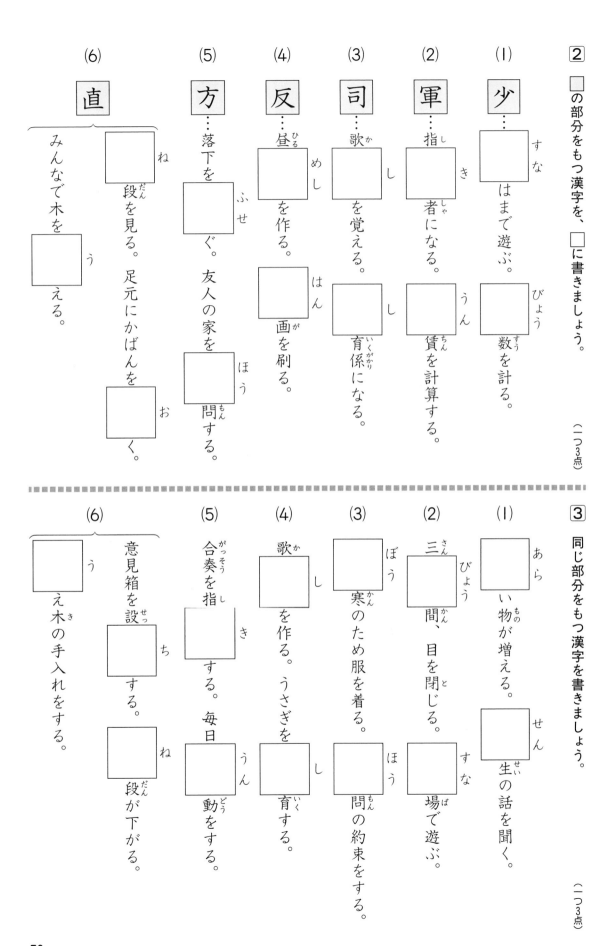

30

形の似た漢字②

形のよく似た漢字

漢字には、形のよく似たものがあります。

派　脈

立派《りっぱ》な作品ができる。
山脈《さんみゃく》をながめる。

●の部分に注意して書きましょう。

覚えよう

- 城・域　城下町《じょうかまち》。地域《ちいき》。
- 著・署　著者《ちょしゃ》。署長《しょちょう》。
- 腹・復　腹筋《ふっきん》。復習《ふくしゅう》。
- 券・巻　入場券《にゅうじょうけん》。巻頭《かんとう》。
- 苦・若　苦手《にがて》。若者《わかもの》。
- 貨・貸・賃　貨物《かもつ》。貸《か》す。運賃《うんちん》。
- 老・考・孝　老化《ろうか》。考察《こうさつ》。孝行《こうこう》。
- 拾・捨　拾《ひろ》う。捨《す》てる。
- 翌・習　翌日《よくじつ》。学習《がくしゅう》。
- 喜・善　喜《よろこ》ぶ。善《よ》い行い。

1 ――の読みがなに合う漢字を、○で囲みましょう。（一つ2点）

(1) 毎日、ふっ｛腹　復｝筋《きん》をきたえる。

(2) 美しい山《さん》みゃく｛派　脈｝が見える。

(3) いつも、よ｛善　喜｝い行いをする。

(4) いらない物をまとめてす｛捨　拾｝てる。

(5) 雑誌《ざっし》のかん｛券　巻｝末《まつ》を見る。

得点　点

2 形に気をつけて、□に漢字を書きましょう。（一つ5点）

(1) ピアノを□《なら》う。 □《よく》日《じつ》の天気。

(2) 本を□《か》し出《だ》す。 運《うん》□《ちん》をはらう。

(3) □《わか》者《もの》が多い街。 □《にが》い薬を飲む。

(4) □《ろう》人《じん》の手助けをする。 親《おや》□《こう》行《こう》をする。

(5) □《じょう》下町《かまち》に住む。 地《ち》□《いき》の行事。

(6) 警察《けいさつ》□《しょ》長《ちょう》に会う。 □《ちょ》者《しゃ》の写真を見る。

3 漢字のまちがいに——を引いて、右側に正しく書きましょう。（一つ5点）

〈例〉 貯金箱《ちょきんばこ》の中《なか》の小残《こぜに》を数《かぞ》える。 銭

(1) 全二巻《ぜんにかん》の長編小説《ちょうへんしょうせつ》を読《よ》み終《お》えた。

(2) 月曜日《げつようび》は燃《も》えないごみを拾《す》てる。

(3) 走《はし》った後《あと》に、派《みゃく》はくを計《はか》る。

(4) 老人《ろうじん》と苦者《わかもの》の交流《こうりゅう》の場《ば》を設《もう》ける。

(5) 地城《ちいき》のみんなで協力《きょうりょく》して花《はな》を植《う》える。

(6) 駅前《えきまえ》で署名《ちょめい》な政治家《せいじか》を見《み》かけた。

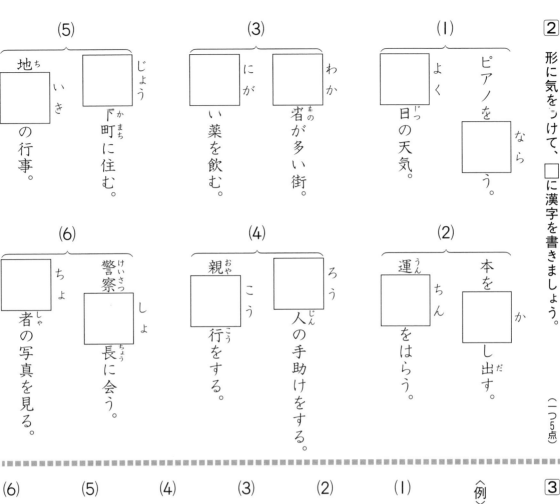

31

同じ読み方の漢字①

同じ音の漢字①

同じ音読みの漢字を使い分けましょう。

覚えよう

- い…異国《こく》・遺産《さん》・移動《どう》
- かん…干潮《ちょう》・看板《ばん》・巻頭《とう》・簡単《たん》
- きん…勤務《む》・筋肉《にく》・禁止《し》・平《へい》均
- けん…権利《り》・憲法《ぽう》・検査《さ》・危《き》険
- こう…孝行《こう》・皇居《きょ》・紅茶《ちゃ》・降水量《すいりょう》・鉄《てっ》鋼・効果《か》
- しゅう…回《かい》収・宗教《きょう》・就職《しょく》・衆議院《ぎいん》・修正《せい》
- しょう…将来《らい》・負《ふ》傷・障害《がい》・承認《にん》・証言《げん》・招待《たい》
- そう…演《えん》奏・同《どう》窓生《せい》・創作《さく》・服《ふく》装・高《こう》層・操縦《じゅう》
- たん…担当《とう》・探検《けん》・誕生日《じょうび》
- はい…拝見《けん》・背景《けい》・肺活量《かつりょう》・俳句《く》

1 ——の読みがなに合う漢字を、○で囲みましょう。（一つ2点）

(1) 休み時間に、音楽室にい｛遺・移｝動《どう》する。

(2) 兄は、しゅう｛宗・就｝職《しょく》活動《かつどう》をしている。

(3) 運動会のしょう｛傷・障｝害《がい》物《ぶつ》競走《きょうそう》。

(4) たん｛担・誕｝任《にん》の先生は背《せい》が高い。

(5) はい｛排・肺｝で酸素を血液に取りこむ。

得点

点

2 □と読む漢字を、□に書きましょう。（一つ5点）

(1) たん
どうくつの□検《けん》。
□生日《じょうび》を祝う。

(2) きん
役所に□務《む》する。
うでの□肉《にく》。

(3) けん
□法記念日《ぽうきねんび》。
□利《り》を主張する。

(4) しゅう
□議院議員《ぎいんぎいん》の選挙。
空きかんを回《かい》□する。

(5) そう
服《ふく》□を正す。
同《どう》□会《かい》の案内。

(6) はい
□景《けい》が美しい。
手紙を□見《けん》する。

3 漢字のまちがいに――を引いて、右側に正しく書きましょう。（一つ5点）

〈例〉道路《どうろ》を往断《おうだん》するときは、必《かなら》ず左右《さゆう》を見《み》る。
横

(1) 近《ちか》くに公就電話《こうしゅうでんわ》を見《み》つけ、家《いえ》に連《れん》らくをした。

(2) 各地《かくち》の世界移産《せかいいさん》を見《み》に行《い》く計画《けいかく》を立《た》てる。

(3) 三人《さんにん》で分探《ぶんたん》して、二階《にかい》まで荷物《にもつ》を運《はこ》んだ。

(4) 室内《しつない》には、照明《しょうめい》の窓置《そうち》がたくさん並《なら》んでいた。

(5) 毎日《まいにち》、勤肉《きんにく》をきたえる運動《うんどう》を行《おこな》う。

(6) 急《きゅう》に肺後《はいご》から名前《なまえ》を呼《よ》ばれておどろいた。

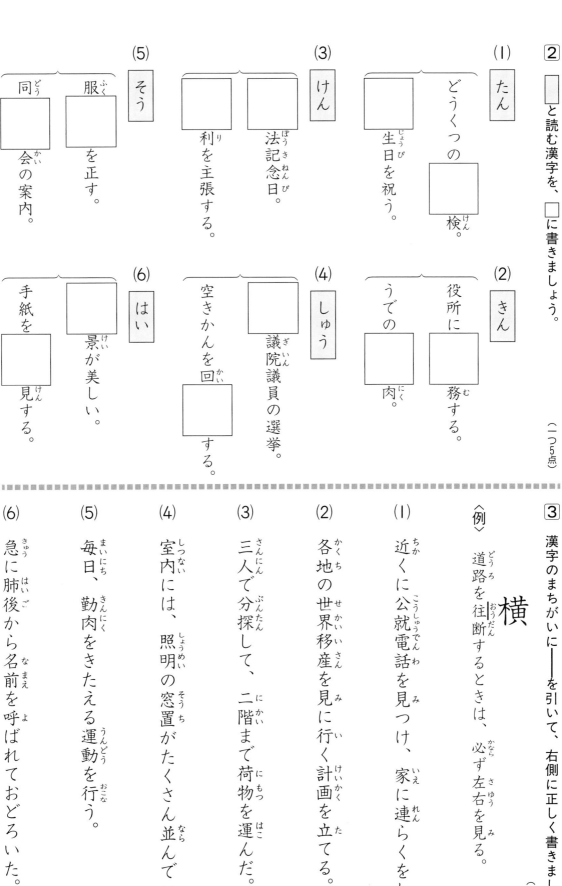

32 同じ読み方の漢字②

同じ音の漢字②

31回（62ページ）以外にも、同じ音読みの漢字があります。

覚えよう

- かく…拡大《だい》・内閣《ない》・革新《しん》・合格《ごう》・正確《せい》
- げん…資源《し》・厳格《かく》・増減《ぞう》・現代《だい》
- さい…返済《へん》・裁判《ばん》・採取《しゅ》・夫妻《ふ》・災害《がい》・再会《かい》
- し…至急《きゅう》・私用《よう》・容姿《よう》・視力《りょく》・歌詞《か》・日誌《にっ》
- せい…盛大《だい》・聖火《か》・誠意《い》・政党《とう》・勢力《りょく》・女性《じょ》
- せん…宣言《げん》・専門《もん》・温泉《おん》・洗面器《めんき》・染色《しょく》
- そん…存在《ざい》・尊厳《げん》・損得《とく》・子孫《し》
- ちょう…県庁《けん》・頂上《じょう》・満潮《まん》・手帳《て》・小腸《しょう》
- とう…討論《ろん》・政党《せい》・糖分《ぶん》・統一《いつ》
- ひ…否定《てい》・批判《はん》・秘密《みつ》・対比《たい》・肥料《りょう》

1 ――の読みがなに合う漢字を、◯で囲みましょう。（一つ2点）

(1) 天気が悪く、し ｛私　視｝ 界《かい》がよくない。

(2) 限りある資《し》げん ｛源　厳｝ を大切にしよう。

(3) せん ｛染　専｝ 門家《もんか》の意見を参考にする。

(4) 山のちょう ｛頂　張｝ 上《じょう》を目指す。

(5) コーヒーに砂《さ》とう ｛統　糖｝ を一さじ入れる。

得点

点

2 □と読む漢字を、□に書きましょう。（一つ5点）

(1) けい
□語《ご》を使う。
同じ□列《れつ》の店。

(2) せん
温《おん》□につかる。
□面器《めんき》のお湯。

(3) ちょう
山《さん》□まで登る。
満《まん》□の時刻《じこく》。

(4) ひ
□密《みつ》を守る。
作品の□評《ひょう》をする。

(5) とう
□論会《ろんかい》の様子。
政《せい》□による政治。

(6) そん
□在《ざい》を主張する。
先生を□敬《けい》する。

3 漢字のまちがいに──を引いて、右側に正しく書きましょう。（一つ5点）

〈例〉もっと成治《せいじ》に関心《かんしん》をもつようにする。　政

(1) 子《こ》ども染用《せんよう》の遊《あそ》び場《ば》には、くつをぬいで入《はい》る。

(2) 県頂《けんちょう》の展望台《てんぼうだい》からは、遠《とお》くの海《うみ》まで見《み》わたせる。

(3) 父《ちち》は源格《げんかく》で、笑《わら》い顔《がお》をめったに見《み》せない。

(4) 党分《とうぶん》のとり過《す》ぎに注意《ちゅうい》している。

(5) 地球《ちきゅう》は太陽敬《たいようけい》の星《せい》の一《ひと》つだ。

(6) 手紙《てがみ》の内容《ないよう》はとても視的《してき》なことだ。

33 同じ読み方の漢字③

同じ訓の漢字

同じ訓読みの漢字を使い分けましょう。

あたた(かい)

暖かい春の日。

温かい料理。

覚えよう

- す(む)…地方に住む。手続きが済む。
- ね…木の根。値段《だん》を調べる。
- しお…塩味《あじ》がこい料理。潮の流れ。
- そな(える)…仏《ぶつ》だんへのお供え物《もの》。災害に備える。
- うつ(す)…字を書き写す。席を移す。姿《すがた》を映す。
- つと(める)…議長を務める。会社に勤める。問題の解決に努める。
- おさ(める)…国を治める。学業を修める。成功を収める。税金を納める。

1 ──の読みがなに合う漢字を、◯で囲みましょう。（一つ2点）

(1) あたた{温・暖}かいスープを飲む。

(2) 努力の末、成功をおさ{収・修}める。

(3) つと{努・務}めて善《よ》い行いをする。

(4) おそな{備・供}え物《もの》の用意をする。

(5) 店員にね{値・根}段《だん》をたずねる。

得点

点

2 □と読む漢字を、□に書きましょう。（一つ5点）

(1) す(む)

用事が□む。

都会に□む。

(2) しお

□を少し入れる。

□風《かぜ》を感じる。

(3) そな(える)

台風に□える。

墓《はか》に花を□える。

(4) うつ(す)

鏡に姿《すがた》を□す。

荷物を後ろに□す。

(5) つと(める)

役所に□める。

司会を□める。

(6) おさ(める)

勝利を□める。

注文の品を□める。

3 漢字のまちがいに――を引いて、右側に正しく書きましょう。（一つ5点）

〈例〉 難《むずか》しいテスト問題《もんだい》を説《と》く。 解

(1) 五月《ごがつ》は、三月《さんがつ》に比《くら》べて、気候《きこう》が温《あたた》かい。

(2) 今年《ことし》も無事《ぶじ》に、こう例《れい》の行事《ぎょうじ》が住《す》んだ。

(3) 明《あ》かりを消《け》して、スクリーンに画像《がぞう》を移《うつ》す。

(4) 週末《しゅうまつ》に買《か》い物《もの》をして、旅行《りょこう》に供《そな》える。

(5) 学級会《がっきゅうかい》で、初《はじ》めて議長《ぎちょう》を勤《つと》めた。

(6) 学問《がくもん》を納《おさ》めて、立派《りっぱ》な業績《ぎょうせき》をあげる。

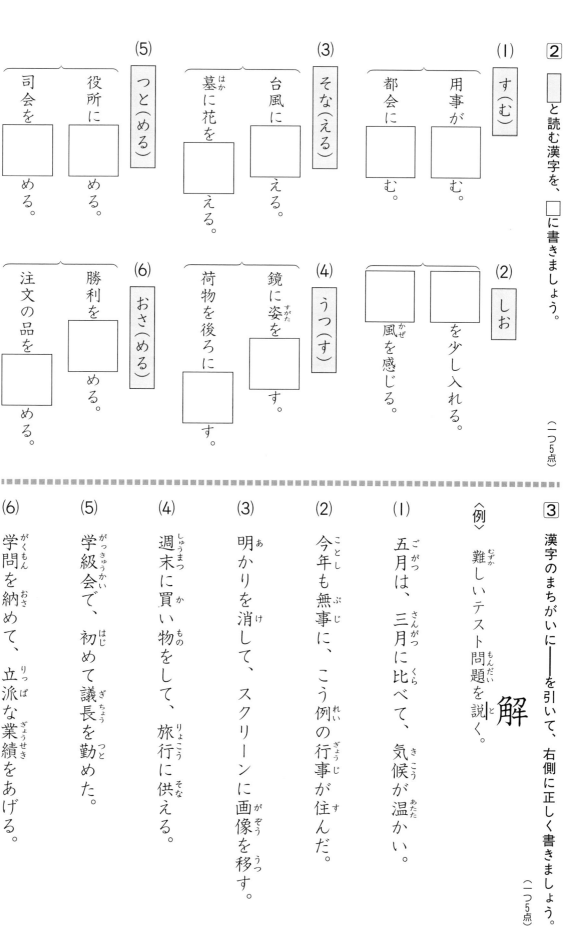

34 復習ドリル④

1 次の説明に合うものを[　]から選んで、記号を書きましょう。（一つ2点）

(1) 万葉がなの漢字の一部を取り出した文字。……（　　）

(2) コンピューターの入力などで使われる「a」「k」「s」などの文字。……（　　）

(3) 古代ローマで用いられた文字。……（　　）

(4) 中国で生まれた文字。……（　　）

(5) 万葉がなの漢字をくずした文字。……（　　）

(6) 表音《ひょうおん》文字のうち、「あ」「い」「う」などの文字。……（　　）

(7) ヨーロッパを中心に使われている文字。……（　　）

(8) 音だけでなく、意味も表す文字。……（　　）

㋐漢字　㋑平仮名《ひらがな》　㋒片仮名《かたかな》　㋓ローマ字

2 次の(1)〜(4)の成り立ちに合う漢字を[　]から選んで、書きましょう。（一つ2点）

(1) 目に見える物の形をかたどった漢字。[　]・[　]・[　]

(2) 目に見えないことがらを印や記号を使って表した漢字。[　]・[　]・[　]

(3) 漢字の意味を組み合わせた漢字。[　]・[　]・[　]

(4) 意味を表す部分と音を表す部分を組み合わせた漢字。[　]・[　]・[　]

本・箇・羽・供・耳・警
馬・林・上・鳴・末・信

とく点
点

3 □と読む漢字を、□に書きましょう。（一つ3点）

(1) けん
日本の□法《ぽう》。
□利《り》と義務。

(2) しゅう
□議院《ぎいん》の会議場。
空きびんの回《かい》□。

(3) きん
おじの□務先《むさき》。
□肉《にく》をきたえる。

(4) しお
料理に□を入れる。
□風《かぜ》がふく。

(5) す(む)
宿題が□む。
マンションに□む。

(6) つと(める)
工場に□める。
委員長を□める。

4 漢字のまちがいに――を引いて、右側に正しく書きましょう。（一つ4点）

〈例〉もっと成治《せいじ》に関心《かんしん》をもつようにする。　政

(1) 党分《とうぶん》を減《へ》らした食品《しょくひん》が発売《はつばい》される。

(2) 太陽敬《たいようけい》には、地球《ちきゅう》以外《いがい》にもわく星《せい》がある。

(3) 学校《がっこう》の屋上《おくじょう》から県頂《けんちょう》の建物《たてもの》が見《み》える。

(4) 着物《きもの》を着《き》た姉《あね》が、自分《じぶん》の姿《すがた》を鏡《かがみ》に移《うつ》す。

(5) 父《ちち》の用事《ようじ》が住《す》んだので、急《いそ》いで帰《かえ》った。

(6) 努力《どりょく》を積《つ》み重《かさ》ねて、学問《がくもん》を納《おさ》める。

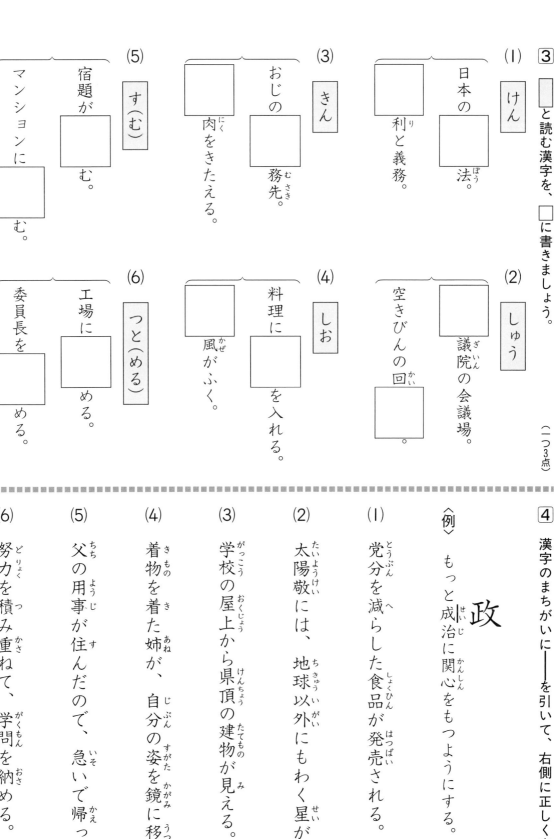

35 熟語《じゅくご》の組み立て①

漢字二字の熟語《じゅくご》の組み立て①

二字以上の漢字を組み合わせてできた言葉を、「熟語《じゅくご》」といいます。

漢字二字の熟語《じゅくご》には、次のような組み合わせでできたものがあります。

①反対（対《つい》）の意味の漢字の組み合わせ。

開閉《かいへい》（開く↕閉《と》じる）

例
- 縦横《じゅうおう》（縦《たて》↕横）
- 増減（増える↕減る）
- 損得（損↕得）
- 善悪《ぜんあく》（善《よ》い↕悪い）
- 勝敗（勝つ↕敗れる）

②似た意味の漢字の組み合わせ。

温暖《おんだん》（温かい＋暖《あたた》かい）

例
- 学習（学ぶ＋習う）
- 建造（建てる＋造る）
- 救助（救う＋助ける）
- 生産（生む＋産む）
- 戦争（戦う＋争う）

1 次の組み合わせの熟語《じゅくご》になる漢字を、○で囲みましょう。（(1)①一つ1点、ほか一つ2点）

(1) 反対（対《つい》）の意味の漢字の組み合わせ。

① 損 ｛害・得｝（得に○）

② 縦《じゅう》 ｛断・横｝

③ 善《ぜん》 ｛悪・人｝

④ 勝 ｛敗・利｝

(2) 似た意味の漢字の組み合わせ。

① 温 ｛暖《だん》・室｝

② 救 ｛助・出｝

③ 建 ｛造・材｝

④ 生 ｛物・産｝

得点　　点

2 次の組み合わせに合う熟語《じゅくご》を、[　]から選んで書きましょう。（一つ2点）

(1) 反対（対《つい》）の意味の漢字の組み合わせ。

（　　）・（　　）・（　　）

(2) 似た意味の漢字の組み合わせ。

（　　）・（　　）・（　　）

建造・損得・増減・戦争・開閉《かいへい》・学習

3 □に合う漢字を[　]から選んで、次の組み合わせに合う熟語《じゅくご》を作りましょう。（一つ3点）

(1) 反対（対《つい》）の意味の漢字の組み合わせ。

□悪・□横・勝□

(2) 似た意味の漢字の組み合わせ。

温□・□助・生□

善・救・産・縦・敗・暖

4 □に合う漢字を書いて、次の組み合わせに合う熟語《じゅくご》を作りましょう。（一つ5点）

(1) 反対（対《つい》）の意味の漢字の組み合わせ。

① □横に走る道。

② ドアの開□。

③ 数の増□。

④ □悪の判断。

⑤ ゲームの□敗が決まる。

(2) 似た意味の漢字の組み合わせ。

① □助訓練《くんれん》。

② □争と平和。

③ 温□な気候。

④ 国語の学□。

⑤ 寺の□造。

⑥ 生□工場《こうじょう》。

36 熟語《じゅくご》の組み立て②

漢字二字の熟語《じゅくご》の組み立て②

漢字二字の熟語《じゅくご》には、35回(70ページ)のほかにも、次のような組み合わせでできたものがあります。

③上の漢字が下の漢字を修飾《しゅうしょく》する組み合わせ。

急用(急ぎの用事)

例
- 親友(親しい友)
- 私用《しよう》(私《わたくし》の用事)
- 等分(等しく分ける)
- 激論《げきろん》(激《はげ》しい議論《ぎろん》)

④「～に」「～を」にあたる漢字が下にくる組み合わせ。

寄港(港に寄る)

例
- 帰国(国に帰る)
- 着席(席に着く)
- 開会(会を開く)
- 消火(火を消す)

⑤「不」「未」「無」「非」など、打ち消す漢字が上にくる組み合わせ。

不調(調子がよくない)

例
- 無用(用がない)
- 未開(開かれていない)
- 非番(当番でない)
- 不幸(幸せでない)

1 次の組み合わせの熟語《じゅくご》になる漢字を、○で囲みましょう。 ((1)一つ2点、(2)一つ3点)

(1) 上の漢字が下の漢字を修飾《しゅうしょく》する組み合わせ。

① 急 { 激《げき》 ・ (用) }

② 私《し》 { 用 ・ 公 }

③ 等 { 分 ・ 外 }

④ 親 { 友 ・ 子 }

(2) 「～に」「～を」にあたる漢字が下にくる組み合わせ。

① 着 { 席 ・ 付 }

② 登 { 山 ・ 用 }

③ 寄 { 付 ・ 港 }

④ 帰 { 国 ・ 来 }

得点

点

2 次の組み合わせに合う熟語《じゅくご》を、[　]から選んで書きましょう。（一つ4点）

(1) 上の漢字が下の漢字を修飾《しゅうしょく》する組み合わせ。
（　）・（　）・（　）

(2) 「〜に」「〜を」にあたる漢字が下にくる組み合わせ。
（　）・（　）・（　）

(3) 打ち消す漢字が上にくる組み合わせ。
（　）・（　）・（　）

帰国・非情・急用・私用・未知
寄港・開会・無事・親友

3 「不・未・無・非」から、□に合う漢字を書いて、熟語《じゅくご》を作りましょう。（一つ4点）

(1) □開
(2) □害
(3) □番
(4) □幸

4 次の組み立てからできる熟語《じゅくご》を作って、（　）に読みがなも書きましょう。（一つ2点）

〈例〉 文を作る。……作文（さくぶん）

(1) 会を開く。……□□（　）
(2) 席に着く。……□□（　）
(3) 国に帰る。……□□（　）
(4) 曲を作る。……□□（　）
(5) 山に登る。……□□（　）
(6) 港に寄る。……□□（　）
(7) 火を消す。……□□（　）

37 熟語《じゅくご》の組み立て③

三字以上の熟語《じゅくご》の組み立て

漢字三字以上でできる熟語《じゅくご》の多くは、一字と二字の語の組み合わせによるものです。

① 一字ずつの語の集まり。

市町村（市＋町＋村）

例 ●松竹梅（松＋竹＋梅）
●衣食住（衣＋食＋住）
●都道府県（都＋道＋府＋県）

② 一字＋二字の組み合わせ。

短時間（短＋時間）

例 ●大規模《だいきぼ》（大＋規模）
●新商品（新＋商品）
●未使用（未＋使用）

③ 二字＋一字の組み合わせ。

書道家（書道＋家）

例 ●大衆化《たいしゅうか》（大衆＋化）
●積極的（積極＋的）
●美術展《びじゅつてん》（美術＋展）

④ 一字と二字の組み合わせによる四字以上の熟語《じゅくご》。

例 ●学校放送委員会（学校＋放送＋委員＋会）

1 次の組み立ての三字熟語《じゅくご》になる漢字を、○で囲みましょう。（一つ3点）

(1) 一字ずつの語の集まり。

① 衣食｛都　住｝

② 松竹｛梅　林｝

(2) 一字＋二字の組み合わせ。

① ｛大　強｝規模《きぼ》

② ｛新　売｝商品

(3) 二字＋一字の組み合わせ。

① 書道｛家　順｝

② 大衆《たいしゅう》｛化　単｝

③ 積極｛的　北｝

④ 美術｛音　展《てん》｝

得点　　点

2 次の組み立てに合う三字以上の熟語《じゅくご》を、[　]から選んで書きましょう。（一つ3点）

(1) 一字ずつの語の集まり。〈例〉大中小

（　　　）・（　　　）

(2) 一字＋二字の組み合わせ。〈例〉新学期

（　　　）・（　　　）

(3) 二字＋一字の組み合わせ。〈例〉運動会

（　　　）・（　　　）

短時間・衣食住・未使用・都道府県
松竹梅・新商品・書道家・大衆化《たいしゅうか》
大規模《だいきぼ》・美術展《びじゅつてん》・積極的・市町村

3 次の組み立てからできる三字の熟語《じゅくご》を作りましょう。（一つ4点）

〈例〉音楽のための会。　音楽会

(1) 小さな規模《きぼ》。　□□□

(2) 長い期間。　□□□

(3) 新しい商品。　□□□

(4) 美術の展覧会《てんらんかい》。　□□□

4 「不・未・無・非」から、□に合う漢字を書いて、熟語《じゅくご》を作りましょう。（一つ4点）

(1) □人島

(2) □開発

(3) □常識

(4) □可能

(5) □自然

(6) □成年

38 熟語《じゅくご》の読み方①

得点
点

読み方の組み合わせ

二字の熟語《じゅくご》では、音どうし、訓どうしで読むものが多いのですが、中には音読みと訓読みを組み合わせて読む熟語《じゅくご》もあります。

音＋音　観察《カンサツ》

訓＋訓　花束《はなたば》

音＋訓　試合《シあい》

訓＋音　道順《みちジュン》

例

● 音＋音
実験《ジッケン》・面積《メンセキ》・解決《カイケツ》・牛肉《ギュウニク》・建設《ケンセツ》・鏡台《キョウダイ》・種類《シュルイ》
才能《サイノウ》・効果《コウカ》・極限《キョクゲン》・責任《セキニン》・絶望《ゼツボウ》・中断《チュウダン》・車窓《シャソウ》

● 訓＋訓
足音《あしおと》・川上《かわかみ》・名前《なまえ》・歌声《うたごえ》・建物《たてもの》・綿毛《わたげ》・窓口《まどぐち》
家路《いえじ》・着物《きもの》・背中《せなか》・苦手《にがて》・初耳《はつみみ》・街角《まちかど》・米俵《こめだわら》

● 音＋訓
王様《オウさま》・台所《ダイどころ》・本箱《ホンばこ》・本物《ホンもの》・味方《ミかた》・役目《ヤクめ》・両手《リョウて》
一割《イチわり》・駅前《エキまえ》・気軽《キがる》・試合《シあい》・新芽《シンめ》・番組《バンぐみ》・茶畑《チャばたけ》

● 訓＋音
赤字《あかジ》・手本《てホン》・見本《みホン》・夕食《ゆうショク》・場所《ばショ》・弱気《よわキ》・横町《よこチョウ》
油絵《あぶらエ》・石段《いしダン》・裏門《うらモン》・係員《かかりイン》・荷物《にモツ》・野宿《のジュク》・道順《みちジュン》

1 次の漢字の音読みと訓読みをひらがなで書きましょう。（一つ1点）

(1) 管　音（かん）　訓（くだ）

(2) 種　音（　　）　訓（　　）

(3) 芽　音（　　）　訓（　　）

(4) 鏡　音（　　）　訓（　　）

(5) 罪　音（　　）　訓（　　）

(6) 俵　音（　　）　訓（　　）

(7) 綿　音（　　）　訓（　　）

(8) 窓　音（　　）　訓（　　）

2 次の――の熟語《じゅくご》の読みがなを書きましょう。（一つ2点）

(1)
（　　）建設工事。
高い（　　）建物。

(2)
（　　）車窓から見る。
役所の（　　）窓口。

(3)
（　　）鏡台を使う。
（　　）手鏡を取り出す。

(4)
（　　）種類が多い。
（　　）種火を消す。

(5)
（　　）綿花を育てる。
たんぽぽの（　　）綿毛。

(6)
（　　）土俵に上がる。
（　　）米俵を持ち上げる。

---

3 次の熟語《じゅくご》の読みがなを（　）に書いて、その読み方の組み合わせを□から選んで、□に記号を書きましょう。（一つ3点）

(1)（　　）苦手……□
(2)（　　）係員……□
(3)（　　）台所……□
(4)（　　）責任……□
(5)（　　）番組……□
(6)（　　）背中……□
(7)（　　）裏門……□
(8)（　　）絶望……□
(9)（　　）野宿……□
(10)（　　）両側……□

ア 音＋音（野菜《ヤサイ》）
イ 訓＋訓（足音《あしおと》）
ウ 音＋訓（王様《オウさま》）
エ 訓＋音（赤字《あかジ》）

39 熟語《じゅくご》の読み方②

同じ読み方の熟語《じゅくご》（同音異義語《どうおんいぎご》）

二字の熟語《じゅくご》では、同じ読み方でも意味のちがうものがたくさんあります。このような熟語《じゅくご》を「同音異義語《どうおんいぎご》」といいます。

例

- いがい…以外・意外
- いし…医師・意志・意思
- いじょう…以上・異常・異状
- かいせつ…解説・開設
- えいせい…衛生・衛星・永世
- かいとう…解答・回答
- かいしゅう…回収・改修
- かいせい…快晴・改正
- かこう…加工・下降・河口
- かんしょう…観賞・感傷
- かんしん…感心・関心
- きかい…機会・機械・器械
- きこう…気候・起工・機構・紀行・寄港・帰港
- こうせい…公正・構成・校正・後世
- たいしょう…対象・対照・大勝

1 ――の読み方に合う熟語《じゅくご》を、◯で囲みましょう。（一つ4点）

(1) アンケートのかいとう｛回答・解答｝を記入する。

(2) えいせい｛衛生・衛星｝面《めん》に注意する。

(3) 日本の歴史にかんしん｛感心・関心｝がある。

(4) 先生に相談するきかい｛機会・機械｝を持つ。

(5) 外出先で、いがい｛以外・意外｝な人物に会った。

(6) 改札口で、電車賃《でんしゃちん》をせいさん｛精算・生産｝する。

得点　　点

2 ――の熟語《じゅくご》と同じ読み方の熟語《じゅくご》を、［　］から選んで書きましょう。（一つ4点）

(1) 高価な品物。
練習の［　　］。

(2) 答えと解説。
銀行口座《こうざ》の［　　］。

(3) 窓《まど》を開放する。
［　　］に向かう。

(4) おだやかな気候。
［　　］文《ぶん》を読む。

(5) 船が欠航する。
雨天［　　］。

(6) 見当をつける。
内容を［　　］する。

(7) 遠足の用意をする。
［　　］にできる。

(8) 指示を待つ。
［　　］率《りつ》が高い。

効果・検討・容易・快方
開設・決行・支持・紀行

3 文に合う［　］と読む熟語《じゅくご》を書きましょう。（(1)(2)一つ5点、(3)(4)一つ6点）

(1) ようい
旅行の［　　］をする。
クイズを［　　］に解いてしまう。

(2) かいほう
運動場を市民に［　　］する。
病気が［　　］に向かっている。

(3) きこう
旅行したときの［　　］文《ぶん》を書く。
国際連合の［　　］を図に表す。

(4) せいさん
バスの料金を［　　］する。
自動車の部品を［　　］する。

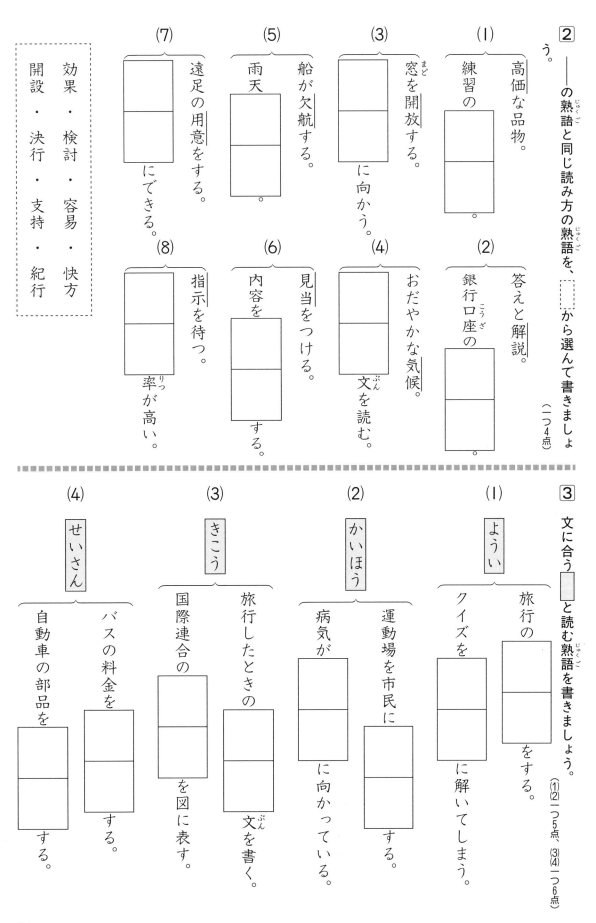

40 復習ドリル⑤

1 次の組み合わせに合う熟語《じゅくご》を、[　]から選んで書きましょう。（一つ2点）

(1) 反対（対《つい》）の意味の漢字の組み合わせ。（　）・（　）

(2) 似た意味の漢字の組み合わせ。（　）・（　）

(3) 上の漢字が下の漢字を修飾《しゅうしょく》する組み合わせ。（　）・（　）

(4) 「〜に」「〜を」にあたる漢字が下にくる組み合わせ。（　）・（　）

(5) 打ち消す漢字が上にくる組み合わせ。（　）・（　）

善悪《ぜんあく》・未知・温暖《おんだん》・親友・登山
不幸・生産・消火・増減・急用

2 次の組み立てに合う三字の熟語《じゅくご》を、[　]から選んで書きましょう。（一つ2点）

(1) 一字ずつの語の集まり。〈例〉大中小（　）・（　）

(2) 一字＋二字の組み合わせ。〈例〉新発売（　）・（　）（　）・（　）

(3) 二字＋一字の組み合わせ。〈例〉音楽界（　）・（　）（　）・（　）

新商品・衣食住・積極的・短時間・美術展《びじゅってん》
書道家・未使用・大衆化《たいしゅうか》・松竹梅・大規模《だいきぼ》

得点
点

3 次の熟語《じゅくご》の読みがなを（　）に書いて、その読み方の組み合わせを[　]から選んで、□に記号を書きましょう。（一つ1点）

(1) 建物……（　）□

(2) 番組……（　）□

(3) 種類……（　）□

(4) 荷物……（　）□

(5) 裏門……（　）□

(6) 綿毛……（　）□

(7) 実験……（　）□

(8) 両側……（　）□

(9) 米俵……（　）□

(10) 試合……（　）□

ア 音＋音（才能《サイノウ》）
イ 訓＋訓（足音《あしおと》）
ウ 音＋訓（本箱《ホンばこ》）
エ 訓＋音（手本《てホン》）

4 文に合う[　]と読む熟語《じゅくご》を書きましょう。（一つ5点）

(1) かんしん
友人のかいた絵に□□する。
星座《せいざ》に□□がある。

(2) ようい
前日に持ち物を□□する。
問題を□□に解く。

(3) こうか
練習の□□で、うまくなる。
□□な品物が展示《てんじ》してある。

(4) かいせつ
ニュースの□□者《しゃ》。
市営の保育所が□□される。

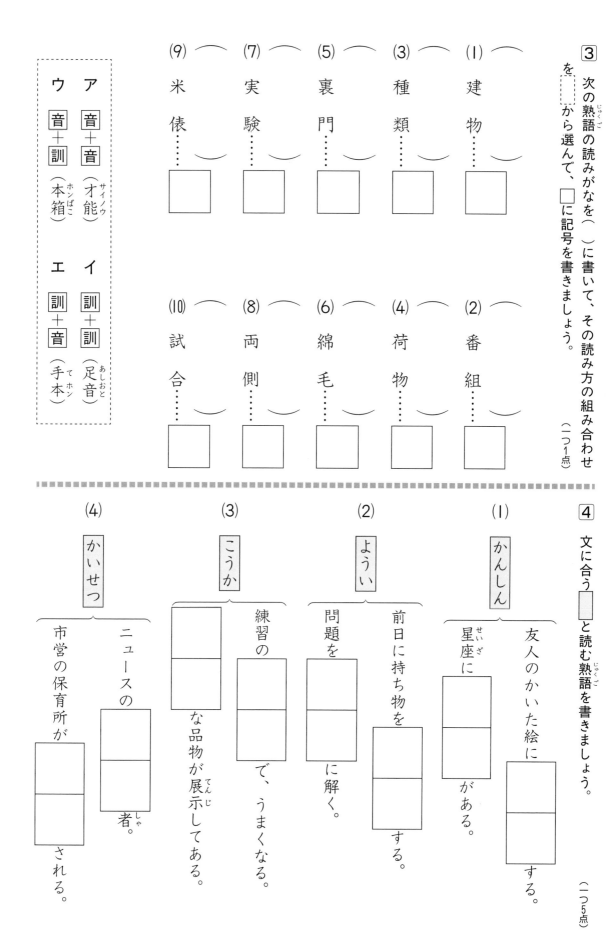

41 送りがな①

送りがなの変わる言葉

動詞《どうし》や様子を表す言葉は、□のように送りがなが変わります。

①動詞《どうし》(動きを表す言葉)。

移る	防ぐ	暴れる
移らない。	防がない。	暴れない。
移ります。	防ぎます。	暴れます。
移るとき、	防ぐとき、	暴れるとき、
移れば、	防げば、	暴れれば、
移ろう。	防ごう。	暴れよう。
移った。	防いだ。	暴れた。

「暴れる」の送りがなは、すべて同じ音の「れ」で始まります。また、「た」や「だ」に続くときの形に注意しましょう。

例
- 造った。減った。
- 解いた。効いた。
- 結んだ。積んだ。

②様子を表す言葉。

浅い	勇ましい
浅かった。	勇ましかった。
浅くない。	勇ましくない。
浅くなる。	勇ましくなる。
浅い川。	勇ましい歌声。
浅ければ、	勇ましければ、

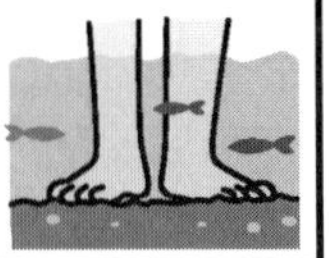

1 □に合う送りがなを書きましょう。(一つ3点)

(1)〈招く〉
- 家に招□ない。
- 家に招□ます。
- 家に招□う。
- 家に招□た。

(2)〈編む〉
- マフラーを編□ない。
- マフラーを編□ます。
- マフラーを編□う。
- マフラーを編□だ。

(3)〈厚い〉
- アルバムが厚□□た。
- アルバムが厚□□ば、重いだろう。

(4)〈険しい〉
- この山道は険□□□た。
- この山道はあまり険□□ない。

得点　　点

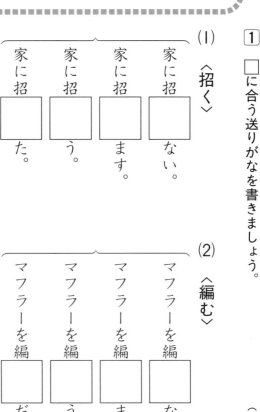

2 □に合う送りがなを書きましょう。（一つ4点）

(1)
薬が効□ないと、病気が治らない。
この薬は、よく効□ようだ。
薬が効□たので、すっかり元気になった。

(2)
この町は、以前よりも自然が減□てしまった。
ごみを捨《す》てる人が減□ば、もっときれいになる。
たくさん拾っても空きかんがなかなか減□ない。

(3)
その川は、とても浅□□た。
その川は、それほど浅□なかった。

(4)
その少年は、とても勇□□□見えた。
勇□□□姿《すがた》で、ぶたいに上がる。

3 〈 〉の言葉を、文に合う形で（ ）に書きましょう。（一つ3点）

(1) 〈結ぶ〉
① プレゼントの箱に、リボンを（　　）だ。
② おみくじを木の枝に（　　）ます。

(2) 〈増える〉
① 大雨が降《ふ》ったため、川の水が急に（　　）た。
② 川の水が（　　）ば、岸にあふれてしまう。

(3) 〈熱い〉
① この皿はとても（　　）ので、持てない。
② スープが（　　）ば、冷ましてから飲もう。

(4) 〈険しい〉
① 山道が（　　）ば、注意して進もう。
② 進むにつれて、道が（　　）なってきた。

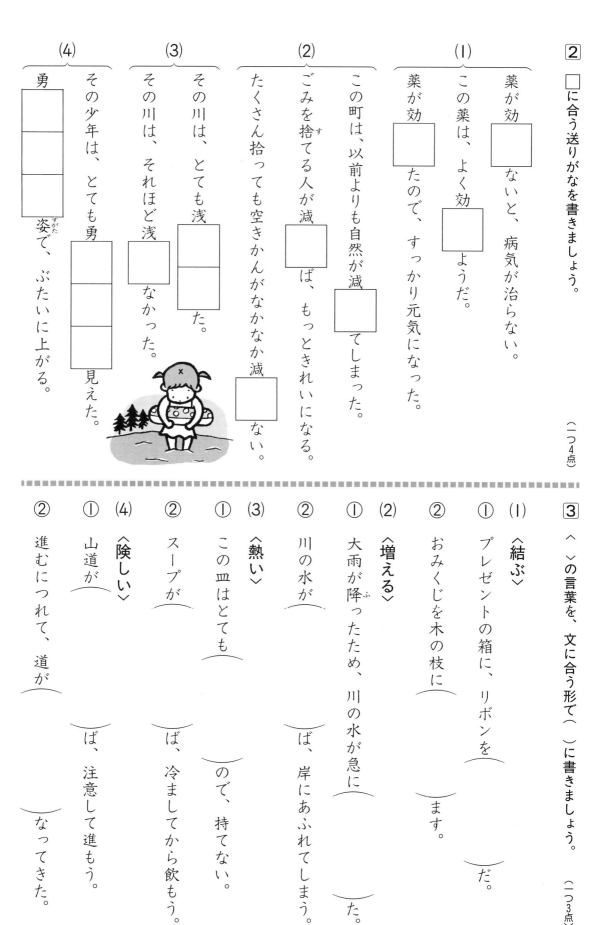

42 送りがな②

送りがなの役割《やくわり》

①送りがなが正しくないと、読みまちがえてしまいます。

×たくさん集る。
↘ ○集まる→人がたくさん集まる。
↙ ○集める→人をたくさん集める。

もし、送りがなが「る」だけだとしたら、「あつまる」のか「あつめる」のかがわかりません。それで、「まる」「める」と送ります。

覚えよう

- 過ぎる。／過ごす。
- 燃える。／燃やす。
- 備える。／備わる。
- 延《の》びる。／延《の》ばす。
- 垂《た》れる。／垂《た》らす。

②送りがなによって、漢字の読み方がはっきりします。

- 冷：お湯が冷《さ》める。／体が冷《ひ》える。
- 閉：店が閉《し》まる。／本を閉《と》じる。

覚えよう

- 増：人数が増《ふ》える。／水かさが増《ま》す。
- 降：雨が降《ふ》る。／バスを降《お》りる。

1 ――の言葉の送りがなに合うものを、◯で囲みましょう。（一つ4点）

(1) 時間がすぎる。　過｛る／(ぎる)｝

(2) バスをおりる。　降｛る／りる｝

(3) 災害にそなえる。　備｛える／なえる｝

(4) お茶がさめる。　冷｛る／める｝

(5) ドアがしまる。　閉｛る／まる｝

(6) 絵の具をまぜる。　混｛る／ぜる｝

(7) 場所をうつる。　移｛る／つる｝

(8) コインをあつめる。　集｛める／つめる｝

得点　　点

2 ——の言葉の送りがなを書きましょう。（一つ4点）

(1) ろうそくの火がもえる。

(2) 銀行にお金をあずける。

(3) 絵の具の色をまぜる。

燃（　　）　預（　　）　混（　　）

3 送りがなに注意して、——の漢字の読みがなを書きましょう。（一つ4点）

(1)
- （　　）冷たい水。
- （　　）冷えた空気。

(2)
- （　　）雨が降る。
- （　　）電車を降りる。

(3)
- （　　）言葉を覚える。
- （　　）目を覚ます。

(4)
- （　　）人数が増える。
- （　　）川の水が増す。

4 ——の言葉は、送りがながまちがっています。右側に漢字と送りがなを正しく書きましょう。（一つ4点）

〈例〉ドアを開る《あける》音がした。　開ける

(1) バタンとドアを閉る《しめる》。

(2) 夏休みを祖父の家で過す《すごす》。

(3) 木のかげから子ねこが現われる《あらわれる》。

(4) かべのポスターが、大きく破る《やぶれる》。

(5) とつ然《ぜん》の地《じ》しんに備なえる《そなえる》。

(6) 銀行にお金を預ずける《あずける》。

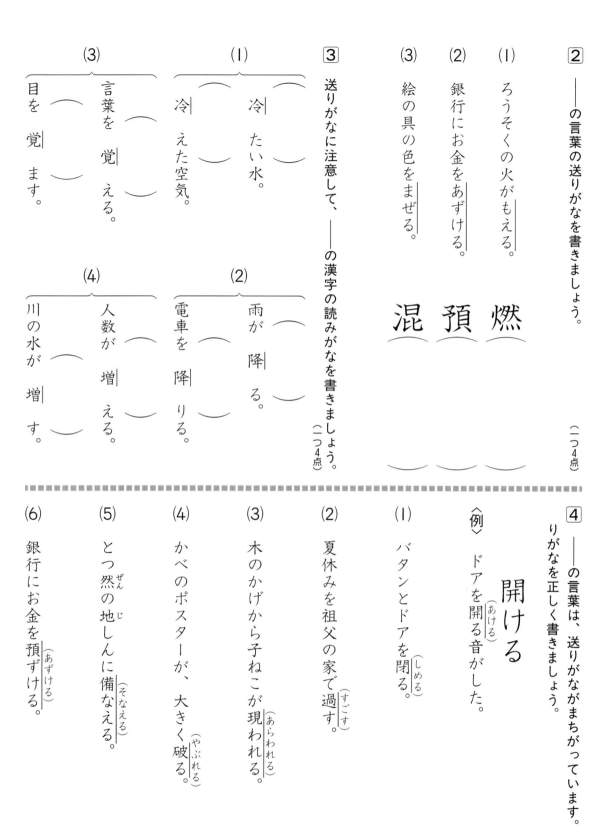

43 送りがな③

得点
点

送りがなをまちがえやすい言葉

次のような言葉の送りがなに注意しましょう。

①読みにくい言葉。

さからう
〇逆らう
×逆う

覚えよう
- 危《あぶ》ない・備《そな》える・暖《あたた》かい
- 届《とど》ける・認《みと》める・従《したが》える
- 疑《うたが》う・敬《うやま》う・誤《あやま》る・頂《いただ》く
- 補《おぎな》う・難《むずか》しい・幼《おさな》い

②送りがなをつける名詞《めいし》。

- 後《うし》ろ
- 幸《さいわ》い
- 辺《あた》り
- 便《たよ》り

覚えよう
- 周《まわ》り・初《はじ》め・幸《しあわ》せ・平《たい》ら
- 群《む》れ・情《なさ》け・独《ひと》り・豊《ゆた》か

ふつう、名詞《めいし》には、送りがなをつけませんが、読みまちがうおそれがある言葉にはつけます。

③ほかの言葉から変化してできた言葉。

- 外《はず》れ（外れる）動詞《どうし》からできた名詞《めいし》。
- 重《おも》さ（重い）形容詞《けいようし》からできた名詞《めいし》。
- 苦《くる》しむ（苦しい）形容詞《けいようし》からできた動詞《どうし》。

覚えよう
- 支《ささ》え（支える）
- 厚《あつ》さ（厚い）
- 戦《たたか》い（戦う）

1 ――の言葉の送りがなに合うものを、〇で囲みましょう。（一つ5点）

(1) 流れにさからう。
逆｛う／らう｝

(2) 部屋《へや》があたたかい。
暖｛かい／たかい｝

(3) おさない弟と歩く。
幼｛い／ない｝

(4) まちがいをみとめる。
認｛める／とめる｝

(5) あぶない道。
危｛い／ない｝

(6) 年上の人をうやまう。
敬｛う／まう｝

(7) 判断をあやまる。
誤｛まる／る｝

(8) 手紙をとどける。
届｛どける／ける｝

2 ――の言葉の送りがなを書きましょう。（一つ4点）

(1) 車道を歩くとあぶない。　危
(2) 部屋《へや》をあたたかくする。　暖
(3) 自転車の部品がはずれる。　外
(4) ひとりきりで出かける。　独
(5) 墓に美しい花をそなえる。　供
(6) 不幸中のさいわい。　幸
(7) 先生のことをうやまう。　敬
(8) 答えをあやまる。　誤
(9) 十分な水分をおぎなう。　補

3 ――の言葉は、送りがながまちがっています。右側に漢字と送りがなを正しく書きましょう。（一つ4点）

〈例〉この道は暗くて危い《あぶない》。　危ない

(1) サッカーの試合で強いチームと戦かう《たたかう》。
(2) あの家族はとても幸わせ《しあわせ》そうに見える。
(3) 人の流れに逆からって《さからって》歩く。
(4) まちがえて疑がわれて《うたがわれて》しまう。
(5) 今日《きょう》のテストは、とても難かしい《むずかしい》問題が多かった。
(6) 両手で体を支さえる《ささえる》。

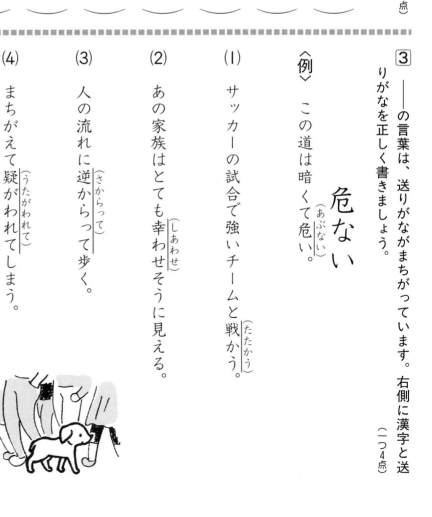

44 かなづかい

かなづかいの決まり

言葉をかなで書くときの書き表し方を、「かなづかい」といいます。

①ア段《だん》・イ段《だん》・ウ段《だん》・エ段《だん》の音をのばすときは、それぞれ「あ」「い」「う」「え」をそえて書きます。

●おかあさん（お母さん）
●ちいさい（小さい）
●くうこう（空港）
●ねえさん（姉さん）

②オ段《だん》の音をのばすときは、「う」をそえて書きます。

う　う
の~~お~~かの人が、さと~~お~~を買う。
（農家）（砂糖）

覚えよう
●そうじ　●ろうそく　●こうぎょう（工業）

例外1　オ段《だん》のかなに「お」をそえて書く言葉もあります。
●おおぜい（大勢）　●こおろぎ　●おおがた（大型）
●とおる（通る）　●おおよそ　●こおり（氷）

1 かなづかいの正しい字を〈　〉から選んで、□に書きましょう。（一つ4点）

(1) 夜空にみか□〈づ・ず〉きが出ている。

(2) お□〈う・お〉がたの台風で、身がち□〈じ・ぢ〉む思いがした。

(3) て□〈い・え〉でんしたので、ろ□〈う・お〉そくをともす。

(4) 小《こ》□〈づ・ず〉つみの中に、とけ□〈い・え〉が入っていた。

(5) おね□〈い・え〉さんは、え□〈い・え〉ごの先生だ。

(6) 弟が、こ□〈う・お〉ろぎを飼いたいと□〈い・ゆ〉う。

得点　　点

例外2　エ段《だん》のかなに「い」をそえて書く言葉もあります。

●えいご（英語）　●せいさん（生産）　●ていでん（停電）

③「言う」は、かなで「いう」と書きます。

こっそりと~~ゆ~~いう。（言う）　~~ゆ~~いうことを聞く。（言う）

④「ジ・ズ」と発音する音は、ふつう、「じ・ず」と書きますが、「ぢ・づ」と書くことがあります。

そこ~~じ~~ぢからを出す。（底力）

みか~~ず~~づきが美しい。（三日月）

「力（ちから）」、「月（つき）」の「ち・つ」がにごった音です。

セーターがち~~じ~~ぢむ。（縮む）

こ~~ず~~づつみを受け取る。（小包）

「ちぢ」や「つづ」のように、音が重なるときに使います。

⑤「ワ・エ・オ」と発音して、「は・へ・を」と書くことがあります。

覚えよう

●昨日《きのう》は、りんごをおばの家へ持っていきました。

2　かなづかいがまちがっている字に——を引いて、右側に正しい字を書きましょう。（一つ4点）

〈例〉おうよその数で、こたへる。　お　え

(1) 今日《きょう》わ天気がいいので、外え出たい。

(2) くうこおには、おうぜいの人がいる。

(3) チームは、底じからお発揮《はっき》して勝った。

(4) 社会科見学で、自動車こおじょうえ行く。

(5) かんずめのせえさん工程を見る。

(6) 弟わ、コップにこうりを入れて水を飲んだ。

(7) 妹が、そおじを手伝《てつだ》うとゆう。

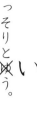

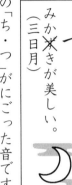

45 符号《ふごう》の使い方

いろいろな符号《ふごう》の使い方

句読点以外に、次のような符号《ふごう》があります。

①かぎ（「　」）の使い方。

㋐「来週遊ぼう。」と、友達《ともだち》が言った。	㋒「食べた物が通る管を、食道といいます。」と書かれていた。
㋑「人体のしくみ」という本を読んだ。	㋓「なるほど。」と思った。

㋐は会話、㋑は書名、㋒は引用、㋓は思ったことを表すときに使います。

②中点（・）の使い方。

●自転車・バス・電車の中から利用する乗り物を選ぶ。

中点（・）は、言葉を並《なら》べるときに使います。

③ダッシュ（――）の使い方。

㋐私《わたくし》の目標――水泳大会に出る――を発表する。
㋑家を出るとき、かさを持っていれば――。

㋐は説明を補《おぎな》う場合、㋑は文末を言い切りの形ではなく、文のとちゅうで止める（後の言葉を省略する）場合に使います。

1 次の符号《ふごう》の使い方が正しいほうに、○をつけましょう。（一つ4点）

(1)
（　）にんじん、なす・ピーマン・を買う。
（　）にんじん・なす・ピーマンを買う。

(2)
（　）図書室で、「かぐやひめ」の古い本を見つけた。
（　）図書室で、かぐやひめの「古い本」を見つけた。

(3)
（　）あの――とき転ばなければ。
（　）あのとき転ばなければ――。

(4)
（　）「立ち入り禁止」の紙がドアにはってある。
（　）立ち入り「禁止の紙」がドアにはってある。

(5)
（　）ぼくは――今年《ことし》の目標、野球の試合――ホームランを打つことを作文にした。
（　）ぼくは、今年《ことし》の目標――野球の試合でホームランを打つこと――を作文にした。

得点
点

2 次の符号《ふごう》の働きを[ ]から選んで、記号を書きましょう。（一つ8点）

(1) 句点《くてん》（。）……（　）

(2) 読点（、）……（　）

(3) かぎ（「　」）……（　）

(4) 中点（・）……（　）

(5) ダッシュ（――）……（　）

ア　文の中の意味の切れめにつける。
イ　会話、書名、引用、思ったことを表すときに使う。
ウ　説明を補《おぎな》ったり、文をとちゅうで止めたりする場合に使う。
エ　文の終わりにつける。
オ　言葉を並《なら》べるときに使う。

3 次の文や文章の――の部分を、〈　〉の符号《ふごう》を使って書きかえましょう。（一つ10点）

(1) ヘレン・ケラーという本を読んだ。〈かぎ（「　」）〉

（　）

(2) ケーキプリンゼリーから食べたい物を選ぶ。〈中点（・）〉

（　）

(3) 冷蔵庫《れいぞうこ》の横に、洗《せん》たく物《もの》を取りこんでおいてね。と、メモがはってあった。〈かぎ（「　」）〉

（　）

(4) 私《わたくし》の夢ピアニストになることを作文にして発表する。〈ダッシュ（――）〉

（　）

46 復習ドリル⑥

1 〈　〉の言葉を、文に合う形で（　）に書きましょう。（一つ4点）

(1) 〈効く〉
薬が（　　）たので、せきが止まった。

(2) 〈編む〉
去年の冬、母は、マフラーを（　　）だ。

(3) 〈増える〉
人数が（　　）ば、会場に入れなくなる。

(4) 〈熱い〉
できたての料理は、とても（　　）た。

(5) 〈勇ましい〉
かいじゅうと（　　）戦うぼうけん物語。

2 ――の言葉の送りがなを書きましょう。（一つ4点）

(1) 最後まで全力でたたかう。　戦（　　）
(2) 川の流れにさからう　逆（　　）
(3) 不幸中のさいわい。　幸（　　）
(4) 自動ドアがしまる。　閉（　　）
(5) 墓に花をそなえる。　供（　　）
(6) あぶない場所に入らない。　危（　　）
(7) 横から犬があらわれる。　現（　　）

得点　点

3 ――の言葉は、送りがながまちがっています。右側に漢字と送りがなを正しく書きましょう。（一つ4点）

〈例〉 父が働らく《（はたらく）》会社。 働く

(1) 屋根を支る《（ささえる）》柱が何本も立っている。

(2) 都合が悪くなったので、電話で断わる《（ことわる）》。

(3) ヒーターをつけたので部屋《へや》が暖く《（あたたかく）》なる。

(4) 難かしい《（むずかしい）》問題を、みんなで考えて解決する。

(5) 左右を確めて《（たしかめて）》から、道を横断する。

(6) 幼ない《（おさない）》弟の手を引いて公園へ行く。

4 かなづかいがまちがっている字に――を引いて、右側に正しい字を書きましょう。（一つ2点）

〈例〉 わたしは、ええごの歌お歌った。 い を

(1) 姉は公園え行って、町内の人とそおじをした。

(2) 風船わ、だんだん小さくちぢんでいった。

(3) おとおさんのうでどけえは、とても重い。

(4) 妹が、本のつずきを読んでとゆう。

(5) 窓《まど》からみかずきが、きれえに見えた。

(6) おねいさんと果物《くだもの》のかんずめを食べた。

(7) おうぜいの人がくうこおに集まった。

47 文の組み立て①

文の四つの形

主語と述語の組み合わせには、次の四つのものがあります。

▼主語	▼述語
① 何が(は) だれが(は)	どうする(どうした)。
② 何が(は) だれが(は)	どんなだ。
③ 何が(は) だれが(は)	何だ。
④ 何が(は) だれが(は)	ある。／いる。

①例
●金魚が 泳ぐ。
●母が 笑った。
●白い 雲が ふわふわ うかぶ。

②例
●金魚は きれいだ。
●妹は かわいい。
●氷を 入れた ジュースは、とても 冷たい。

③例
●金魚は 魚だ。
●姉は 中学生だ。
●わたしの 弟は、まだ 六才だ。

④例
●庭に 花だんが ある。
●教室に 時計《とけい》が ある。
●公園に 弟が いる。
●池に 魚が いる。

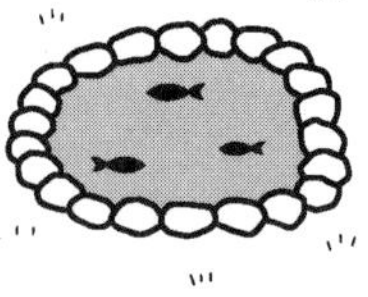

1 次の文の主語に——を引きましょう。（一つ4点）

(1) 大きな 犬が ワンワン ほえる。

(2) 象の 鼻は とても 長い。

(3) 友達《ともだち》の お父《とう》さんは 学校の 先生だ。

(4) 近くの 公園に 大きな 池が ある。

(5) 本を 入れた 箱は、とても 重い。

(6) 弟が 学校の グラウンドで サッカーを する。

(7) 水そうの 中に 大きな 魚が いる。

得点

点

2 次の文の形を［　］から選んで、記号を書きましょう。（一つ5点）

(1) 弟の　かばんは　小さい。（　　）

(2) 姉は　中学校の　生徒会長だ。（　　）

(3) 兄が　友達《ともだち》と　野球を　する。（　　）

(4) 学校には、たくさんの　花《か》だんが　ある。（　　）

(5) 母が　夕食の　買い物を　する。（　　）

(6) 兄は　サッカー部の　キャプテンだ。（　　）

(7) 海には、たくさんの　生き物が　いる。（　　）

(8) 姉の　かみの毛は、とても　長い。（　　）

> **ア**　何(だれ)が(は)　どうする。
> **イ**　何(だれ)が(は)　どんなだ。
> **ウ**　何(だれ)が(は)　何だ。
> **エ**　何(だれ)が(は)　ある(いる)。

---

3 次の形の文を、〈　〉の言葉を主語にして書きましょう。（(1)〜(4)一つ5点、(5)(6)一つ6点）

(1) 何が(は)―どうする。〈犬〉
（犬が　ワンワン　鳴く。）

(2) 何が(は)―どんなだ。〈桜〉
（　　）

(3) 何が(は)―何だ。〈父〉
（　　）

(4) 何が(は)―ある。〈池〉
（　　）

(5) 何が(は)―どうする。〈兄〉
（　　）

(6) 何が(は)―いる。〈くじら〉
（　　）

48 文の組み立て②

修飾《しゅうしょく》する言葉

①次の□のように、ほかの言葉をくわしくして、意味をはっきりさせる言葉を「修飾語《しゅうしょくご》」といいます。

お茶を　飲んだ。

どんな
熱い　お茶を

どのように
ゆっくり　飲んだ。

②「どんな」と「どのように」は、くわしくしている言葉がちがいます。

どんな
大きな　手を　たたく。

どのように
大きく　手を　たたく。

「どんな」は名詞《めいし》（ものごと）を、「どのように」は動詞《どうし》（動き）をくわしくしています。

読んでみよう

・わたしは、静かな　部屋《へや》で　本を　読んだ。（どんな部屋《へや》）
　わたしは、静かに　部屋《へや》で　本を　読んだ。（どのように読んだ）

1 □の言葉（修飾語《しゅうしょくご》）がくわしくしている言葉に、――を引きましょう。（一つ4点）

(1) 父が　熱い　お茶を　飲んだ。

(2) 妹が　かわいらしく　歌を　歌った。

(3) 空に　大きな　入道雲が　うかんでいる。

(4) 鳥が　のびのびと　大空を　飛ぶ。

(5) 小さな　花《か》だんに　ばらが　たくさん　さいている。

(6) 母が　台所で　おいしそうな　ケーキを　焼く。

(7) 兄が　かっこうよく　バットを　ふる。

得点

点

2 □の言葉（修飾語《しゅうしょくご》）がくわしくしている言葉を書きましょう。（一つ6点）

(1) 弟たちは、**浅い**プールで泳いだ。（　　）

(2) 白い雲が、**ぷかぷかと**空にうく。（　　）

(3) 姉が、**熱い**紅茶《こうちゃ》を飲んでいる。（　　）

(4) わたしは、**静かな**部屋《へや》で勉強をした。（　　）

(5) 妹が、**かわいらしく**ダンスをおどる。（　　）

(6) わたしは、**ぴかぴかに**窓《まど》ガラスをみがいた。（　　）

3 二つの文が同じ意味になるように、——の言葉をくわしくする言葉を（　）に書きましょう。（一つ6点）

(1)
選手が勇ましく行進する。
選手が（勇ましい）行進をする。

(2)
わたしは美しくさく桜を見た。
わたしは（　　）桜がさくのを見た。

(3)
どこからか、楽しく笑う声が聞こえる。
どこからか、（　　）笑い声が聞こえる。

(4)
雨あがりに、風がさわやかにふいた。
（　　）風が、雨あがりにふいた。

(5)
姉が、ケーキをとてもおいしく焼いた。
姉が、とても（　　）ケーキを焼いた。

(6)
祭りの音が、にぎやかに聞こえる。
（　　）祭りの音が聞こえる。

49 文の組み立て③

文の種類

文は、主語と述語の組み合わせから、次の三つに分けることができます。

①主語と述語がひと組の文（単文《たんぶん》）。

きれいな 花が（主語） さいた（述語）。

②主語と述語がふた組以上で、対等に並《なら》んだ文（重文《じゅうぶん》）。

風が（主語） ふき（述語）、雨が（主語） 降《ふ》った（述語）。

「風がふき」と「雨が降《ふ》った」は、対等に並《なら》んでいます。

③主語と述語がふた組以上で、意味のうえでかかわっている文（複文《ふくぶん》）。

母が（主語） 作った（述語）（修飾《しゅうしょく》） 料理は（主語）、おいしい（述語）。

「母が作った」は、「料理」を修飾《しゅうしょく》しています。

---

1 次の文の主語と述語を書きましょう。（一つ3点）

(1) 白い 子犬が 走る。

主語（　　　）……述語（　　　）

(2) この 本は とても おもしろい。

主語（　　　）……述語（　　　）

(3) 花が さき、ちょうが 飛ぶ。

主語（　　　）……述語（　　　）

主語（　　　）……述語（　　　）

(4) 父が くれた 絵はがきは、きれいだ。

主語（　　　）……述語（　　　）

主語（　　　）……述語（　　　）

得点

点

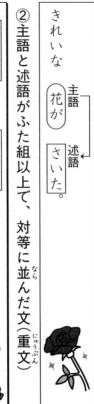

2 次の文と同じ種類の文を［　］から選んで、記号を書きましょう。（(1)4点、(2)〜(7)一つ5点）

(1) 春が来て、花がさいた。……（イ）

(2) 白い鳥が、大空を飛ぶ。……（　）

(3) 弟が歌う歌は、おもしろい。……（　）

(4) わたしは、今日《きょう》、プールで泳いできた。……（　）

(5) 太陽がしずみ、星が光り始めた。……（　）

(6) 姉がかいた絵は、上手《じょうず》だ。……（　）

(7) 父が持っているかばんは、とても重い。……（　）

> **ア** 桜がきれいにさく。（単文）
> **イ** 桜がさき、小鳥が鳴く。（重文）
> **ウ** 桜がさく季節は、暖《あたた》かい。（複文）

3 〈　〉の言葉を主語にして、主語と述語がふた組ある複文を書きましょう。（一つ10点）

〈例〉
おにぎりはおいしかった。**〈おにぎり〉**
母がおにぎりを作った。

［母が作ったおにぎりは、おいしかった。］

(1)
ケーキはおいしかった。**〈ケーキ〉**
母がケーキを焼いた。

［　　］

(2)
水《すい》そうはきれいだ。**〈水そう〉**
金魚が水《すい》そうで泳いでいる。

［　　］

(3)
ボールは速かった。**〈ボール〉**
兄がボールを投げた。

［　　］

50 こそあど言葉

得点　　点

こそあど言葉の使い方

「こそあど言葉」は、文章中のことがらをさし示しています。

> 小さな店が見えます。
> →あれは、パン屋さんです。

あれは、「小さな店」をさしています。

このように、「こそあど言葉」は、主に前に出ていることがらをさしています。

また、あれに「小さな店」をあてはめてみて、文の意味が通れば、さしていることがらが合っていることが確かめられます。

読んでみよう

- テーブルの上に白い本がある。それは、ぼくのものだ。
- 黄色の絵の具を出します。これは、わたしの好きな色です。
- 学校の近くに、大きな家がある。あそこには、犬が三びきいる。

1 □のこそあど言葉がさしていることがらを選んで、○をつけましょう。（一つ5点）

(1) 今日《きょう》、大きな家の前を通った。そこには、大きな犬がいた。

（　）今日《きょう》
（　）大きな家

(2) 学校の図書室に来ています。ここは、とても静かな場所です。

（　）学校の図書室
（　）来ています

(3) お店の前に赤いくつが置いてある。わたしは、あれがほしいと思った。

（　）お店の前
（　）赤いくつ

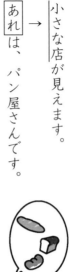

2 □のこそあど言葉がさしていることがらを書きましょう。（一つ7点）

(1) 子ねこがいます。それは、おばのペットです。

(2) おいしいケーキを食べました。それは、父が買ってきてくれたものです。

(3) 学校のうらには古い池がある。そこには、こいが二ひきいる。

(4) 台風のあと、家の近くのがけがくずれた。あそこには、近づいてはいけない。

(5) スプーンとフォークがあります。これらは、銀でできています。

3 □のこそあど言葉がさしていることがらを書きましょう。（一つ10点）

(1) 去年、きれいな海へ行った。そこで、思いきり泳いだ。

(2) ケースの中身が気になって開けた。それは、祖母の眼鏡《めがね》だった。

(3) バスの窓《まど》から二つの山が見えます。あそこには、くまがいるらしいのです。

(4) 家の近くに広い川原《かわら》がある。晴れた日には、そこでバーベキューをすることがある。

(5) 市役所の入り口に大きな絵がかざってある。それは有名な画家がかいたものらしい。

51 文をつなぐ言葉①

文をつなぐ言葉の種類

文をつなぐ言葉（接続語）には、次のようなものがあります。

①前の文の当然の結果が後に続く。

だから、それで、すると、ですから、

②前の文と反対のことがらが後に続く。

でも、けれども、しかし、ところが、

③前の文に付け加えたり並《なら》べたりする。

また、さらに、そして、そのうえ、

④前の文と話題を変える。

さて、ところで、では、ときに、

1 □の言葉の働きを□から選んで、記号を書きましょう。（同じ記号を二回使ってもよい。）（一つ5点）

(1) 昨日《きのう》は雨が降《ふ》った。［だから］、かさをさした。（　　）

(2) サッカーをした。［そのうえ］、野球もした。（　　）

(3) けがをした。［でも］、ひどい傷《きず》ではなかった。（　　）

(4) 父はやさしい。［さて］、おみやげは何だろう。（　　）

(5) 先生にほめられた。［すると］、笑い顔になった。（　　）

(6) 野球をする。［さらに］、サッカーもする。（　　）

ア　前の文の当然の結果が後に続く。
イ　前の文と反対のことがらが後ろに続く。
ウ　前の文に付け加えたり並《なら》べたりする。
エ　前の文と話題を変える。

得点

点

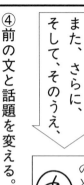

2 [ ]の言葉と同じ働きをする言葉を、[ ]から選んで書きましょう。（[ ]の言葉は二回使ってもよい。）（一つ6点）

(1) ケーキを食べた。[さらに]、ジュースも飲んだ。（　　）

(2) 雪が降《ふ》った。[それで]、雪合戦をした。（　　）

(3) 昨日《きのう》は暑かった。[ところで]、せみはいるだろうか。（　　）

(4) 絵をかいた。[けれども]、うまくできなかった。（　　）

(5) 上着はぬいでください。[では]、テストを始めましょう。（　　）

さて ・ しかし ・ また ・ だから

3 （　）に合う言葉を、[ ]から選んで書きましょう。（一つ8点）

(1)
① 父はこわい。（　　）、いつも言うことを聞いている。
② 父はこわい。（　　）、やさしい面もある。

しかし ・ そのうえ ・ だから

(2)
① 算数の宿題をやる。（　　）、国語の宿題も終わらせる。
② 算数の宿題をやる。（　　）、明日《あす》は晴れるだろうか。
③ 算数の宿題をやる。（　　）、最後まで終わらなかった。

ところで ・ ところが ・ また ・ ですから

52

文をつなぐ言葉②

得点　　点

同じ働きをする言葉

文をつなぐ言葉には、一つの文の中で二つのことがらをつなぐものもあります。

ア 天気がいい。しかし、午後から雨のようだ。

イ 天気がいいが、午後から雨のようだ。

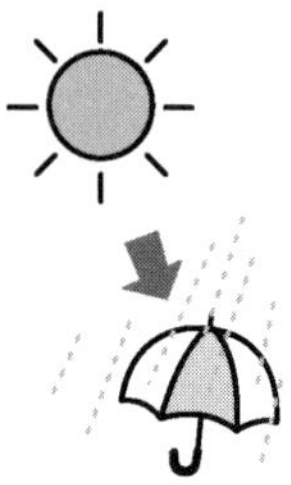

反対の意味のことがらを、アは二つの文で、イは一つの文で表しています。「が」のかわりに、「のに」や「けれど」を使っても一つの文にすることができます。

読んでみよう

- 天気がいい。だから、外に遊びに行く。
  天気がいいので、外に遊びに行く。
  ※「ので」のかわりに、「から」も使えます。
- わたしはねこを飼っている。さらに、犬も飼っている。
  わたしはねこを飼っているし、犬も飼っている。
- 春一番がふく。すると、暖《あたた》かくなる。
  春一番がふくと、暖《あたた》かくなる。
  ※「と」のかわりに、「ば」も使えます。
  （春一番がふけば、暖《あたた》かくなる。）

1 文に合うほうの言葉を、○で囲みましょう。（一つ6点）

(1) 雨が降《ふ》ってきた｛し／から｝、かさをさした。

(2) 春になった｛のに／ので｝、雪が降《ふ》った。

(3) 祖父の家は遠い｛が／ので｝、飛行機に乗って行く。

(4) バナナを食べたい｛し／から｝、ケーキも食べたい。

(5) 山の頂上《ちょうじょう》まで行け｛ても／ば｝、海が見える。

(6) ねむくなっ｛て／ても｝、がんばって起きていた。

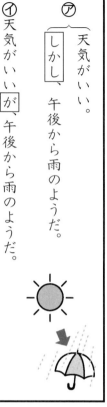

2 二つの文を、〈 〉の言葉を使って、意味を変えないで一つの文に書きかえましょう。（一つ6点）

(1) 明日《あす》は遠足だ。だから、早めにねる。〈から〉

(2) 雨が降《ふ》ってきた。でも、かさを持っていない。〈のに〉

(3) 赤いペンがほしい。さらに、青いペンもほしい。〈し〉

(4) 暖《あたた》かい日が差す。すると、池の氷がとけた。〈と〉

3 次の文を、[ ]の言葉を使って、意味を変えないで書きかえましょう。（一つ10点）

(1) 朝ご飯を食べたし、歯もみがいた。

(2) 高熱が出てしまったので、学校を休んだ。

(3) ゲームをしたいが、もうねる時間だ。

(4) バスで席をゆずると、いい気持ちになる。

でも ・ そして ・ すると ・ だから

53 復習ドリル⑦

得点　　点

1 次の文の形を［　］から選んで、記号を書きましょう。（一つ4点）

(1) 学校には、大きな　グラウンドが　ある。（　　）
(2) 弟の　ぼうしは　かっこいい。（　　）
(3) 友人が　外で　サッカーを　する。（　　）
(4) 森には、たくさんの　生き物が　いる。（　　）
(5) ぼくは　六班《ろっぱん》の　班長《はんちょう》だ。（　　）
(6) 母が　朝食と　弁当を　作る。（　　）

ア　何(だれ)が(は)　どうする。
イ　何(だれ)が(は)　どんなだ。
ウ　何(だれ)が(は)　何だ。
エ　何(だれ)が(は)　ある(いる)。

2 二つの文が同じ意味になるように、――の言葉をくわしくする言葉を（　）に書きましょう。（一つ4点）

(1)
新学期をさわやかにむかえる。
（　　）新学期をむかえる。

(2)
みんなで楽しく時間を過ごす。
みんなで（　　）時間を過ごす。

(3)
おやつの時間に、紅茶《こうちゃ》をおいしく飲む。
おやつの時間に、（　　）紅茶《こうちゃ》を飲む。

(4)
本を読んで、気持ちがさびしくなる。
本を読んで、（　　）気持ちになる。

(5)
勇ましく戦う武士を想像する。
武士の（　　）戦いを想像する。

3 次の文と同じ種類の文を［　］から選んで、記号を書きましょう。（一つ4点）

(1) 秋が来て、木の葉が赤くなる。（　）

(2) ぼくが金魚にえさをやる。（　）

(3) ぼくが見た流れ星は、きれいだった。（　）

(4) 太陽がしずみ、夜が来る。（　）

(5) 母が作った料理は、おいしかった。（　）

(6) 大きなプールで、ぼくは泳いだ。（　）

(7) 魚がたくさん泳いでいる池は、大きかった。（　）

ア 白い鳥が鳴く。（単文）
イ 春が来て、鳥が鳴く。（重文）
ウ 母が植えた花は、美しい。（複文）

4 次の文を、［　］の言葉を使って、意味を変えないで書きかえましょう。（一つ7点）

(1) 冬になったので、マフラーを買った。

(2) もう少しねたいが、起きる時間だ。

(3) わたしは金魚を飼っているし、かめも飼っている。

(4) 高いおかの上に立つと、海が見える。

また・しかし・すると・だから

54 いろいろな言い方①

得点
　　点

受け身の言い方

文の終わりに「れる」「られる」を使うと、人や物に何かをされる、受け身の言い方の文になります。

妹が、ぼくをたたく。

→ぼくが、妹にたたかれる。

母が、弟を送る。

→弟が、母に送られる。

「たたかれる」のはぼくで、「送られる」のは弟です。このように、「～される」側を主語にした文を「**受け身の文**」といいます。

読んでみよう

- 姉が、ねこをなでる。
  ねこが、姉になでられる。（受け身の文）
- 先生が、わたしをほめる。
  わたしが、先生にほめられる。（受け身の文）

1 次の言葉を、「れる」か「られる」を使って、受け身の形に書きかえましょう。（一つ5点）

〈例〉 読む →（読まれる）　　見る →（見られる）

(1) 聞く →（　　　）　　(2) 取る →（　　　）

(3) 言う →（　　　）　　(4) 切る →（　　　）

(5) 思う →（　　　）　　(6) 当てる →（　　　）

(7) 運ぶ →（　　　）　　(8) 引っ張る →（　　　）

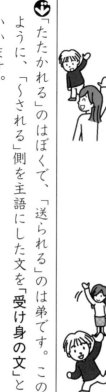

2 次の文を受け身の文に書きかえるとき、（　）に合う言葉を書きましょう。（一つ5点）

(1) 姉が、子ねこを救う。
→（子ねこが）、姉に救われる。

(2) 父が、弟を笑う。
→弟が、（　　）笑われる。

(3) 母が、わたしを呼《よ》ぶ。
→わたしが、母に（　　）。

(4) 先生が、わたしたちを注意する。
→（　　）、先生に注意される。

(5) 先生が、わたしをほめる。
→わたしは、（　　）ほめられる。

(6) 老人が、ぼくに道を聞く。
→ぼくが、老人に道を（　　）。

3 次の文を――の言葉を主語にして、受け身の文に書きかえましょう。（一つ5点）

(1) 親が、<u>子ども</u>を心配する。
（子どもが、親に心配される。）

(2) 父が、<u>けが人</u>を運ぶ。
（　　）

(3) 先生が、<u>友人</u>をしかる。
（　　）

(4) おじが、<u>ぼく</u>を見る。
（　　）

(5) 母が、<u>妹</u>をほめる。
（　　）

(6) 弟が、<u>わたし</u>を引っ張る。
（　　）

55 いろいろな言い方②

人にさせる(使役《しえき》)言い方

文の終わりに、「せる」「させる」を使うと、人や物に何かをさせる(使役《しえき》)言い方の文になります。

㋐妹が絵をかく。 → 姉が、妹に絵をかか**せる**。

㋑ひながえさを食べる。 → 親鳥が、ひなにえさを食べ**させる**。

㋐では主語が「妹」から「姉」に、㋑では「ひな」から「親鳥」に変わっています。このように、「〜させる」側を主語にした文を「**使役《しえき》の文**」といいます。

読んでみよう

- 子どもが歌を聞く。
  母親が、子どもに歌を聞か**せる**。(使役《しえき》の文)
- ぼくたちが、チームの名前を考える。
  先生が、ぼくたちにチームの名前を考え**させる**。(使役《しえき》の文)

1 次の言葉を、「せる」か「させる」を使って、使役《しえき》の形に書きかえましょう。(一つ5点)

〈例〉読む → (読ませる)　調べる → (調べさせる)

(1) 待つ → (　　　)

(2) 投げる → (　　　)

(3) 泣く → (　　　)

(4) 決める → (　　　)

(5) 持つ → (　　　)

(6) 考える → (　　　)

(7) 言う → (　　　)

(8) 安心する → (　　　)

得点　　点

2 次の文を人に何かをさせる使役《しえき》の文に書きかえるとき、（　）に合う言葉を書きましょう。（一つ5点）

(1) 妹が買い物に行く。
→母が、（妹に）買い物に行かせる。

(2) 子犬がえさを食べる。
→弟が、（　　　）えさを食べさせる。

(3) ぼくが新聞を読む。
→父が、ぼくに新聞を（　　　）。

(4) ぼくが本を読む。
→姉が、（　　　）本を読ませる。

(5) わたしが色を決める。
→母が、（　　　）色を決めさせる。

(6) 兄が旅行先を考える。
→父が、兄に旅行先を（　　　）。

3 次の文を〈　〉の言葉を主語にして、人に何かをさせる使役《しえき》の文に書きかえましょう。（一つ5点）

(1) 兄が荷物を運ぶ。〈母親〉
（母親が、兄に荷物を運ばせる。）

(2) ぼくが荷物を持つ。〈友達《ともだち》〉
（　　　）

(3) わたしが礼を言う。〈姉〉
（　　　）

(4) 妹が答えを考える。〈ぼく〉
（　　　）

(5) 弟が一人《ひとり》で行く。〈母〉
（　　　）

(6) 班長《はんちょう》が課題を決める。〈先生〉
（　　　）

56 いろいろな言い方③

文の終わりの言い方

文の終わりの形を変えると、いろいろな言い方の文になります。

①人から聞いた言い方（伝聞）。
- 本を読むそうだ。
- 本を読むということだ。

②様子をおし量る言い方（推量《すいりょう》）。
- 本を読むだろう。
- 本を読むようだ。
- 本を読むらしい。
- 本を読みそうだ。

③命令する言い方。
- 本を読みなさい。

④希望する言い方。
- 本を読みたい。

⑤たのむ言い方。
- 本を読んでください。
- 本を読んでくれ。

⑥さそう言い方。
- 本を読みましょう。
- 本を読もう。

⑦たずねる言い方（疑問《ぎもん》）。
- 本を読みますか。
- 本を読むの。

⑧打ち消す言い方（否定《ひてい》）。
- 本を読みません。
- 本を読まない。

1 〈 〉の言い方の文に、○をつけましょう。（一つ4点）

(1)〈たのむ言い方〉
（　）答えを教えてください。
（　）答えを教えません。

(2)〈様子をおし量る言い方〉
（　）風がふくそうだ。
（　）風がふくだろう。

(3)〈人から聞いた言い方〉
（　）雨が降《ふ》るそうだ。
（　）雨が降《ふ》りますか。

(4)〈さそう言い方〉
（　）遊びに行くらしい。
（　）遊びに行きましょう。

(5)〈打ち消す言い方〉
（　）日記を書かない。
（　）日記を書きたい。

(6)〈命令する言い方〉
（　）ゆっくり休みなさい。
（　）ゆっくり休みたい。

得点
点

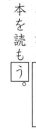

2 ——の言葉を〈　〉の言い方に変えます。［　］から選んで書きましょう。（一つ8点）

(1) バスが通ります。〈たずねる言い方〉
↓（　　　）
通りますか・通るらしい

(2) はっきりと話す。〈命令する言い方〉
↓（　　　）
話そう・話しなさい

(3) ゆうこさんは絵をかく。〈様子をおし量る言い方〉
↓（　　　）
かきそうだ・かかない

(4) 富士山《ふじさん》に登る。〈さそう言い方〉
↓（　　　）
登りましょう・登りたい

(5) テレビを見る。〈希望する言い方〉
↓（　　　）
見るだろう・見たい

3 次の文を、〈　〉の言い方に書きかえましょう。（一つ6点）

(1) 外で遊ぶ。〈さそう言い方〉
↓（　　　）

(2) ドーナツを食べる。〈打ち消す言い方〉
↓（　　　）

(3) 黒板を見る。〈たのむ言い方〉
↓（　　　）

(4) ピアノをひく。〈希望する言い方〉
↓（　　　）

(5) 明日《あす》は晴れる。〈人から聞いた言い方〉
↓（　　　）

(6) 魚を食べる。〈たずねる言い方〉
↓（　　　）

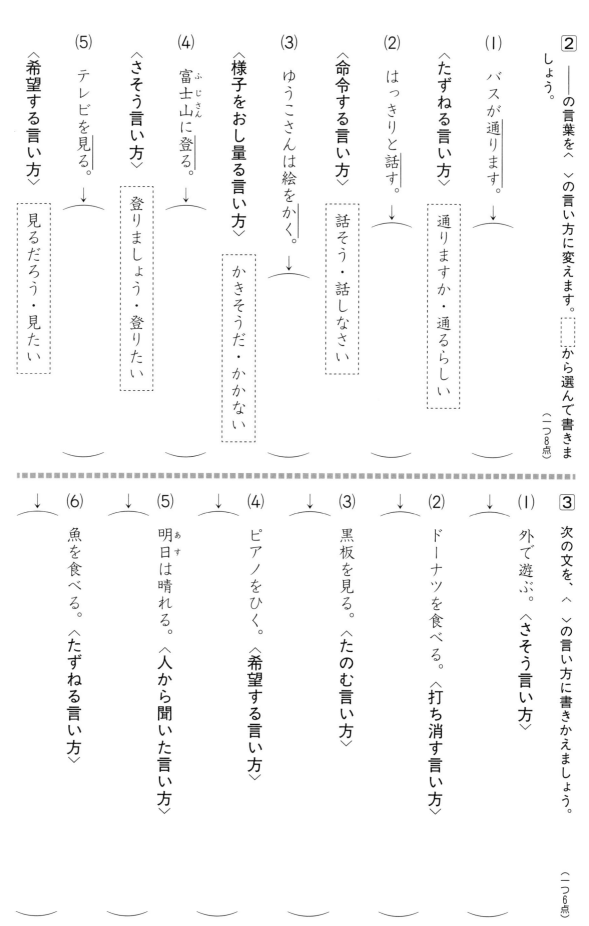

57 いろいろな言い方④

たとえる言い方

あるものの特《とく》ちょうや性質を、ちがうものにたとえることで、その様子をありありと想像させることができます。

- まるで綿《わた》がしのような雲が、空にうかぶ。
- まるで鉄のように固い筋肉《きんにく》だ。

「まるで～ように（ような）」という言い方で、空にうかぶ雲を「綿《わた》がし」に、固い筋肉《きんにく》を「鉄」にたとえています。

※「ように（ような）」だけを使う場合もあります。

意味を強める言い方

主に詩などで、次のような意味を強める言い方を使います。

①**名詞止《めいしど》め**（文末が名詞《めいし》で終わる言い方）。

例 ●夕焼けの空が美しい。→美しい夕焼けの空。

②**くり返し**（同じ言葉などを、くり返し使う言い方）。

例 ●赤とんぼが空を飛ぶ。すいすい空を飛ぶ。

③**倒置法《とうちほう》**（言葉などの順序を逆にした言い方）。

例 ●教室は静まり返っていた。
静まり返っていた、教室は。（倒置《とうち》の文）

1 たとえの言い方を使っている文を選んで、○をつけましょう。（一つ6点）

(1)
（　）おもしろい映画《えいが》を見たい。
（　）まるで映画《えいが》のようなすてきな話だ。

(2)
（　）かばのように大きな口を開ける。
（　）かばは、大きな口を開ける。

2 意味が強められている文を読んで、○をつけましょう。（一つ6点）

(1)
（　）犬のチビは、いつもしっぽをふる。
（　）いつもしっぽをふる、犬のチビは。

(2)
（　）雨が激《はげ》しく降《ふ》る。ザーザー激《はげ》しく降《ふ》る。
（　）雨が、ザーザー激《はげ》しく降《ふ》る。

(3)
（　）水が冷たくておいしい。
（　）冷たくておいしい水。

得点

点

3 （　）に合う言葉を［　］から選んで、たとえる言い方の文にしましょう。（一つ5点）

(1) （　　）のようにあせが流れ落ちた。

(2) （　　）のように冷たい手だ。

(3) あの人のかみは、（　　）のように美しい。

(4) （　　）のように丸くなる。

(5) カレーの専門店《せんもんてん》で食べたカレーは、まるで（　　）ようなからさだった。

(6) 赤ちゃんのほっぺは、まるで（　　）のようにやわらかい。

だるま・氷・マシュマロ
火をふく・絹《きぬ》・たき

4 次の文を名詞止《めいしど》めの文に書きかえましょう。（一つ10点）

〈例〉新作の本がおもしろい。
↓（おもしろい新作の本。）

(1) ドーナツがとてもあまい。
↓（　　）

(2) たくさんの人がバス停に並《なら》ぶ。
↓（　　）

5 次の文を倒置《とうち》の文に書きかえましょう。（一つ10点）

〈例〉雨は降《ふ》り続《つづ》いた。
↓（降《ふ》り続《つづ》いた、雨は。）

(1) 夕日が美しかった。
↓（　　）

(2) 今年の冬は寒かった。
↓（　　）

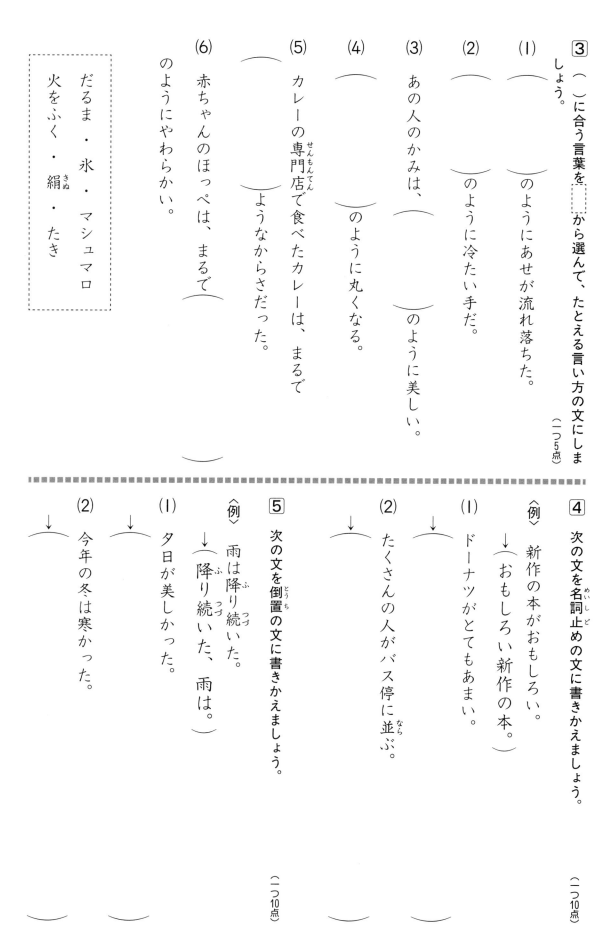

58 復習ドリル⑧

1 ――の言葉を、〈　〉の言い方に書きかえましょう。（一つ5点）

(1) 早く起こす。〈たのむ言い方〉
↓（　　）

(2) ケーキを食べます。〈希望する言い方〉
↓（　　）

(3) 車に乗る。〈打ち消す言い方〉
↓（　　）

(4) 明日《あす》は暑い。〈様子をおし量る言い方〉
↓（　　）

(5) 動物園に行く。〈さそう言い方〉
↓（　　）

2 （　）に合う言葉を、[　]から選んで、たとえる言い方の文にしましょう。（一つ5点）

(1) （　　）のようにかわいい子犬。

(2) （　　）のようにやわらかいほお。

(3) （　　）ような、からいカレーを食べた。

(4) ゴールまで走りきると、あせがまるで（　　）のように流れ出てきた。

(5) 今日《きょう》、道ですれちがった女の人のかみは、まるで（　　）のように美しかった。

火をふく・マシュマロ
絹《きぬ》・ぬいぐるみ・たき

得点
点

3 ――の言葉を主語にして、受け身の文に書きかえましょう。（一つ5点）

〈例〉先生が、ぼくを呼《よ》ぶ。

（ぼくが、先生に呼ばれる。）

(1) 父が、弟をしかる。

（　　　　）

(2) 母ぐまが、子ぐまを運ぶ。

（　　　　）

(3) 先生が、あきら君をほめる。

（　　　　）

(4) 姉が、わたしに注意する。

（　　　　）

(5) みんなが、ぼくを大切に思う。

（　　　　）

4 〈　〉の言葉を主語にして、人に何かをさせる使役《しえき》の文に書きかえましょう。（一つ5点）

〈例〉犬がえさを食べる。〈**弟**〉

（弟が、犬にえさを食べさせる。）

(1) わたしが住所を調べる。〈**父**〉

（　　　　）

(2) ぼくがかばんを持つ。〈**母**〉

（　　　　）

(3) ひろし君が本を読む。〈**先生**〉

（　　　　）

(4) ぼくが班《はん》の名前を決める。〈**みんな**〉

（　　　　）

(5) 妹が礼を言う。〈**祖母**〉

（　　　　）

59 短歌と俳句《はいく》①

短歌と俳句の決まり

短歌と俳句《はいく》は、五音と七音の組み合わせでできる短い詩です。

①短歌。

短歌は、**五・七・五・七・七**の三十一音で作られています。千三百年以上も前から作られ、有名な歌集に奈良《なら》時代の『万葉集《まんようしゅう》』や平安《へいあん》時代の『古今和歌集《こきんわかしゅう》』などがあります。

> 秋来《き》ぬと目にはさやかに見えねども
> 風のおとにぞおどろかれぬる
> 藤原敏行《ふじわらのとしゆき》

秋が来たと、目にははっきりと見てわかることはないけれど、風の音を聞くと、秋のものだとおどろいている、という情景をうたっています。

> 夏のかぜ山よりきたり三百の
> 牧《まき》の若馬《わかうま》耳ふかれけり
> 与謝野晶子《よさのあきこ》

夏のすずしい風がふいてきて、高原にいる三百もの若《わか》い馬たちも、その風に耳をふかれていることだろう、という情景をうたっています。

1 次の説明に合う言葉を、◯で囲みましょう。（一つ10点）

(1) 短歌や俳句《はいく》は、{ 五音 ・ 六音 }と七音の組み合わせでできている短い詩です。

(2) 短歌は、五・七・五・{ 五・七 ・ 七・七 }の三十一音で作られています。

(3) 短歌は千三百年以上も前から作られ、有名な歌集に{① 奈良《なら》 ・ 平安《へいあん》 }時代の『万葉集《まんようしゅう》』や、平安《へいあん》時代の『{② 古今和歌集《こきんわかしゅう》 ・ 竹取物語《たけとり》 }』などがあります。

得点

点

②俳句《はいく》。

俳句《はいく》は、**五・七・五**の**十七音**で作られ、江戸《えど》時代の松尾《まつお》芭蕉《ばしょう》によって、さかんになりました。俳句《はいく》には、季節を表す**「季語」**をもりこむことが約束になっています。

古池や蛙《かはづ（かわず）》飛《とび》こむ水のおと　松尾《まつお》芭蕉《ばしょう》

静かな古い池にかえるがとびこむ音が聞こえたよ、という情景をうたっています。季語は「蛙《かはづ（かわず）》」です。季節は春です。

五月雨《さみだれ》を集めて早《はや》し最上川《もがみがわ》　松尾《まつお》芭蕉《ばしょう》

梅雨《つゆ》のたくさんの雨を集めて、最上川《もがみがわ》の水が勢いよく速く流れているよ、という情景をうたっています。季語は「五月雨《さみだれ》」です。季節は夏です。

菜の花や月は東に日は西に　与謝蕪村《よさぶそん》

菜の花畑の東側には白い月がのぼってきて、西側には赤い太陽がしずもうとしている、という情景をうたっています。季語は「菜の花」です。季節は春です。

2 次の説明に合う言葉を、［　］から選んで書きましょう。（一つ10点）

(1) 短歌は、五・七・五・七・七の①（　　　　）で作られています。

②（　　　　）以上も前から作られ、有名な歌集に奈良《なら》時代の『万葉集《まんようしゅう》』や③（　　　　）時代の『古今和歌集《こきんわかしゅう》』などがあります。

(2) ①（　　　　）は、五・七・五の十七音で作られています。季節を表す②（　　　　）をもりこむことが約束となっています。

③（　　　　）時代の松尾《まつお》芭蕉《ばしょう》によって、さかんになりました。

俳句《はいく》・江戸《えど》・三十一音
平安《へいあん》・季語・千三百年

60 短歌と俳句《はいく》②

歴史的かなづかいと文語

短歌や俳句《はいく》などでは、昔のかなづかいを使っているものがあります。また、現代では使われていないような言葉や言い方もあります。このような表現を「文語《ぶんご》」といいます。

①歴史的かなづかい。（ ）は現代のかなづかい。

古池や　蛙《かはづ》（かわず）　飛《とび》こむ水のおと　松尾芭蕉《まつおばしょう》

例
●かへ（え）り　●ただよふ（う）　●おほ（お）きい　●背《せ》負《お》ひ（い）て
●たは（わ）むれに　●こゑ（え）　●ゐ（い）る　●てふ（ちょう）

②文語（古い言い方）。

たのしみは　まれに魚《うを（お）》煮《に》て児等皆《こらみな》が　うましうましといひ（い）て食ふ（う）時　橘曙覧《たちばなあけみ》

いひては、「言って」という意味です。

例
●かなし（悲しい）　●軽《かろ》き（軽い）　●見《み》えねども（見えないけれど）　●消《き》ゆる（消える）

1 短歌と俳句《はいく》について書いた文で、正しいものには○を、まちがっているものには×をつけましょう。（一つ4点）

(1) 短歌や俳句《はいく》は、五音と七音の組み合わせでできた長い文章です。……（　）

(2) 短歌は、五・七・五の十七音で作られています。……（　）

(3) 短歌は、千三百年以上も前から作られ、奈良《なら》時代の『万葉集《まんようしゅう》』などがあります。……（　）

(4) 俳句《はいく》は、江戸《えど》時代の松尾芭蕉《まつおばしょう》によってさかんになりました。……（　）

(5) 俳句《はいく》では、季節を表す「季語」をもりこむことが約束となっています。……（　）

(6) 短歌や俳句《はいく》などには、現代では使われない言葉や言い方があります。……（　）

得点
点

2 ——のかなづかいが、現代では使われていない歴史的かなづかいのほうを選んで、◯をつけましょう。（一つ3点）

(1) （◯）かへり　（　）かえり

(2) （　）ただよう　（　）ただよふ

(3) （　）こえ　（　）こゑ

(4) （　）かはづ　（　）かわず

(5) （　）いる　（　）ゐる

(6) （　）たはむれに　（　）たわむれに

3 次の文語の表現の意味に合っているものに、◯をつけましょう。（一つ4点）

(1) いひ《（い）》て
（　）言って　（　）行くと

(2) かなし
（　）悲しい　（　）帰ると

(3) 軽《かろ》き
（　）軽い　（　）軽くなる

(4) 見えねども
（　）見えたら　（　）見えないけれど

4 一つの俳句《はいく》になるように、番号をつけましょう。（全部できて一つ6点）

(1) （3）蟬《せみ》の声　（2）岩にしみいる　（1）閑《しずか》さや

(2) （1）菜の花や　（　）日は西に　（　）月は東に

(3) （　）集めて早し　（1）五月雨《さみだれ》を　（　）最上川《もがみがわ》

(4) （1）古池や　（　）水のおと　（　）蛙《かはづ（わず）》飛《とび》こむ

5 次の俳句《はいく》の季語を、◯で囲みましょう。（一つ6点）

(1) 古池や蛙《かはづ（わず）》飛《とび》こむ水のおと
古池　蛙《かはづ（かわず）》

(2) 五月雨《さみだれ》を集めて早し最上川《もがみがわ》
五月雨《さみだれ》　最上川《もがみがわ》

(3) 菜の花や月は東に日は西に
菜の花　月

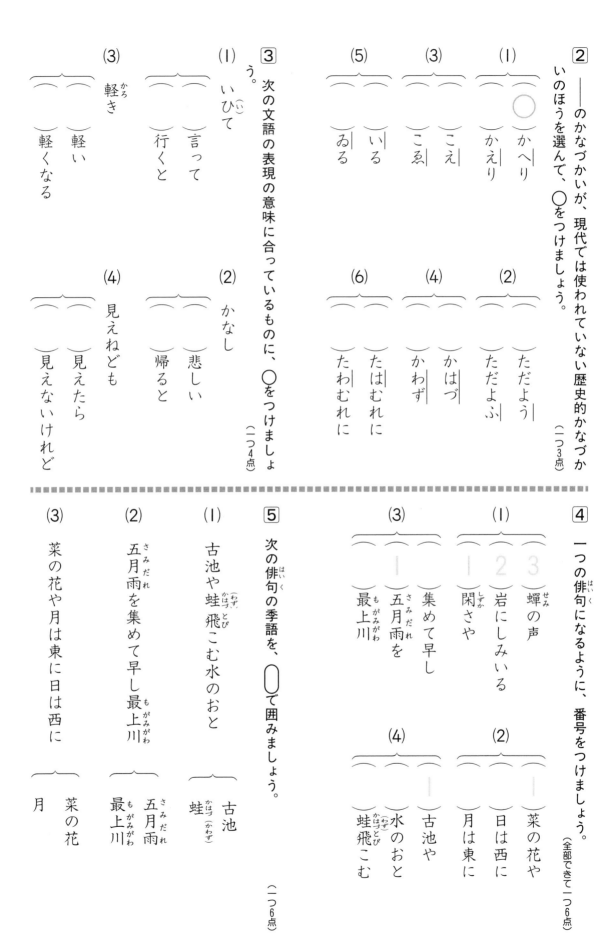

61 敬語《けいご》の使い方①

得点
点

敬語《けいご》の種類

人に敬意《けいい》を表したり、ていねいに言ったりする言い方を、「敬語《けいご》」といいます。

①ていねい語《ご》（相手に敬意《けいい》を表すとき）。

- わたしの持ち物です。
- ぼくが手紙をわたします。

「です」「ます」などを文の終わりに付けます。

②尊敬語《そんけいご》（相手や話題になっている人を敬《うやま》うとき）。

- 先生のお言葉。（言葉）
- 先生が行かれる。（行く）
- 先生がお帰りになる。（帰る）
- 先生がおっしゃる。（話す）
- 先生がご覧《らん》になる。（見る）
- 先生がいらっしゃる。（来る・いる 行く）
- 先生がくださる。（くれる）
- 先生がめし上がる。（食べる）

相手や話題になっている人の動作を高めて言う言葉です。

③けんじょう語《ご》（自分や身内の人をけんそんして言うとき）。

- 母がお会いする。（会う）
- 父が拝見《はいけん》する。（見る）
- 兄が参る。（来る・行く）
- わたしがうかがう。（行く・聞く・訪《たず》ねる）

自分や身内の人の動作を低めて言う言葉です。

1 次の敬語《けいご》を説明した文章の（　）に合う言葉を、[　　]から選んで書きましょう。（一つ5点）

(1) ていねい語《ご》は、相手に①（ 敬意 ）を表すときに使う、「です」「ます」などを文の終わりにつける②（　　）な言葉づかいのことです。

(2) 尊敬語《そんけいご》は、相手や①（　　）になっている人を②（　　）ときに使います。

(3) けんじょう語《ご》は、①（　　）や身内の者を②（　　）して言うときに使います。

[敬意《けいい》・敬《うやま》う・けんそん
話題・ていねい・自分]

2 敬語《けいご》を使っている文に、○をつけましょう。（一つ5点）

(1)
（　）ぼくは、学校に行きます。
（　）ぼくは、学校へ行く。

(2)
（　）先生が話す。
（　）先生が話されます。

(3)
（　）母が先生をお待ちする。
（　）母が先生を待つ。

(4)
（　）これは、わたしの本だ。
（　）これは、わたしの本です。

(5)
（　）先生が帰る。
（　）先生がお帰りになる。

(6)
（　）わたしが、先生の手紙を拝見《はいけん》する。
（　）わたしが、先生の手紙を見る。

3 ――の敬語《けいご》の種類を［　］から選んで、記号を書きましょう。（一つ4点）

(1) 先生が、遠足の注意を話される。……（　）
(2) わたしが、田中ゆう子です。……（　）
(3) 母が先生とお会いする予定です。……（　）
(4) お客様がお帰りになる。……（　）
(5) 先生が、絵をご覧《らん》になるそうです。……（　）
(6) ぼくが、駅までむかえに行きます。……（　）
(7) 先生が教室にいらっしゃる。……（　）
(8) 母がうかがう予定です。……（　）
(9) 先生が、何度もおっしゃる。……（　）
(10) 父が参ることになりました。……（　）

ア ていねい語《ご》　イ 尊敬語《そんけいご》　ウ けんじょう語《ご》

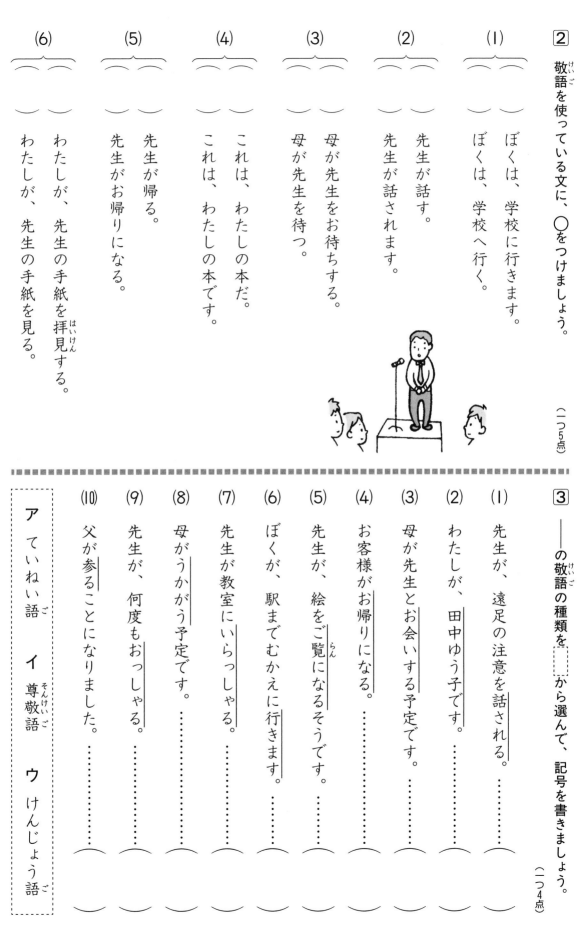

62 敬語《けいご》の使い方②

尊敬語《そんけいご》とけんじょう語《ご》

①尊敬語《そんけいご》の言い方。

- 先生が用紙を配られる。（配る）
- 先生がお書きになる。（書く）
- 先生がおっしゃる。（言う）

尊敬語《そんけいご》には、「配られる」のように「れる・られる」を付ける言い方や、「お書きになる」のように「お(ご)〜になる」の言い方、「おっしゃる」のような特別な言い方があります。

覚えよう
- 話される・走られる・来られる・行かれる
- お話しになる・お待ちになる・ご乗車になる
- **(特別な言い方)**くださる（くれる）・めし上がる（食べる）

②けんじょう語《ご》の言い方。

- 姉が部屋《へや》にご案内する。（案内する）
- 母が参る。（来る・行く）

けんじょう語《ご》には、「ご案内する」のように「お(ご)〜する」の言い方と、「参る」のような特別な言い方があります。

覚えよう
- お持ちする・お呼《よ》びする・お送りする
- **(特別な言い方)**申す（言う）・いただく（もらう・食べる）

1 ――の敬語《けいご》の意味の合うほうに、○をつけましょう。（一つ5点）

(1) 先生がおっしゃる。
（　）言う
（　）行く

(2) 先生のお手紙を拝見《はいけん》する。
（　）わかる
（　）見る

(3) 母が参る。
（　）行く
（　）やる

(4) お客様がめし上がる。
（　）来る
（　）食べる

(5) 父がうかがう。
（　）行く
（　）する

(6) 先生がお手紙をくださる。
（　）見る
（　）くれる

(7) 絵本をいただく。
（　）食べる
（　）もらう

(8) 先生がいらっしゃる。
（　）いる
（　）食べる

得点　　点

61〜62回（122〜125ページ）の尊敬語《そんけいご》とけんじょう語《ご》の特別な言い方を一覧《いちらん》にしたものです。

ふつうの語	尊敬語《そんけいご》	けんじょう語《ご》
する	なさる	いたす
行く	いらっしゃる	参る・うかがう
言う	おっしゃる	申す（申し上げる）
くれる	くださる	――
もらう	――	いただく
食べる	めし上がる	いただく
いる	いらっしゃる	おる
来る	いらっしゃる	参る
聞く	――	うかがう
見る	ご覧《らん》になる	拝見《はいけん》する
わかる	――	承知《しょうち》する
知る	ご存《ぞん》じである	存《ぞん》じる（存《ぞん》じ上げる）

読んでみよう

● 兄が勉強をする。（ふつうの語）
　先生が散歩をなさる。（尊敬語《そんけいご》の特別な言い方）
　父が説明をいたします。（けんじょう語《ご》の特別な言い方）

● ぼくが公園に行く。（ふつうの語）
　先生がいらっしゃる。（尊敬語《そんけいご》の特別な言い方）
　母がそちらに参ります。（けんじょう語《ご》の特別な言い方）

2 ――の敬語《けいご》の使い方が正しい文に、○をつけましょう。（一つ10点）

(1)
（　）たかし君が教室にいらっしゃる。
（　）先生が教室にいらっしゃる。

(2)
（　）先生が絵をご覧《らん》になります。
（　）わたしは絵をご覧《らん》になります。

(3)
（　）先生がろう下《か》を通られます。
（　）母がろう下《か》を通られます。

(4)
（　）お客様がおかしをめし上がる。
（　）弟がおかしをめし上がる。

(5)
（　）兄がお客様をお送りいたします。
（　）兄がお客様をお送りなさいます。

(6)
（　）父がお礼をおっしゃいました。
（　）先生がお礼をおっしゃいました。

63 敬語《けいご》の使い方③

1 ――の言葉を、ていねい語《ご》を使って書きかえましょう。（一つ4点）

〈例〉わたしが山田だ。（山田です）

(1) これは、ぼくの本だ。（　　）

(2) わたしが見送る。（　　）

2 〈例〉のように、次の言葉を「お～する」という形のけんじょう語《ご》に書きかえましょう。（一つ3点）

〈例〉持つ→（お持ちする）

(1) 会う→（　　）

(2) 聞く→（　　）

(3) わたす→（　　）

(4) 呼《よ》ぶ→（　　）

3 〈例〉のように、次の言葉を「れる」「られる」を使った尊敬語《そんけいご》に書きかえましょう。（一つ3点）

〈例〉言う→（言われる）

(1) 話す→（　　）

(2) 行く→（　　）

(3) 来る→（　　）

(4) 答える→（　　）

4 〈例〉のように、次の言葉を「お～になる」という形の尊敬語《そんけいご》に書きかえましょう。（一つ3点）

〈例〉待つ→（お待ちになる）

(1) 話す→（　　）

(2) 読む→（　　）

(3) 書く→（　　）

(4) 持つ→（　　）

得点　　点

5 ――の言葉を、特別な言葉を使った、尊敬語《そんけいご》かけんじょう語《ご》に書きかえます。□から選んで書きましょう。（一つ4点）

(1) 母が行くと言っています。（　　）

(2) お客様がおみやげをくれる。（　　）

(3) 先生が、わたしの家に来る。（　　）

(4) ぼくはおかしを食べる。（　　）

(5) 先生が旅行についての注意を言う。（　　）

いただく・おっしゃる・いらっしゃる
うかがう・くださる

6 ――の敬語《けいご》の使い方が正しいものには、○をつけましょう。まちがっているものは、正しい敬語《けいご》を書きましょう。（一つ6点）

(1) お客様が、お茶がしをいただく。（めし上がる）

(2) 父が「よろしくお願いします。」と申し上げた。（　　）

(3) 先生がサッカーや野球をする。（　　）

(4) 先生が作文を拝見《はいけん》する。（　　）

(5) わたしが、お客様にお茶をさし上げる。（　　）

(6) 今から先生がそちらに参る。（　　）

64 復習ドリル⑨

1 次の説明の（　）に合う言葉を、[　]から選んで書きましょう。（一つ2点）

(1) 短歌は、①（　　）の三十一音で作られています。千三百年以上も前に作られ、奈良《なら》時代の『②（　　）』や③（　　）時代の『④（　　）』などがあります。

(2) 俳句《はいく》は、①（　　）の②（　　）音で作られ、③（　　）時代の松尾芭蕉《まつおばしょう》によって、さかんになりました。季節を表す「④（　　）」をもりこむことが約束となっています。

江戸《えど》　五・七・五　古今和歌集《こきんわかしゅう》　季語
十七　平安《へいあん》　五・七・五・七・七　万葉集《まんようしゅう》

2 ——の敬語《けいご》の種類を[　]から選んで、記号を書きましょう。（一つ3点）

(1) わたしと父の二人で参る予定です。（　）
(2) 駅前の店に行きます。（　）
(3) 先生が、大事なことをおっしゃる。（　）
(4) ぼくは、六年生の男子です。（　）
(5) わたしの姉がうかがう。（　）
(6) 校長先生が話される。（　）
(7) すてきな絵を拝見《はいけん》しました。（　）
(8) 博士《はかせ》がぶ厚い本をご覧《らん》になる。（　）

ア ていねい語《ご》　イ 尊敬語《そんけいご》　ウ けんじょう語《ご》

得点　　点

3 ——の言葉を、特別な言葉を使った、尊敬語《そんけいご》かけんじょう語《ご》に書きかえます。□から選んで書きましょう。（一つ6点）

(1) 先生が、わたしに絵はがきをくれる。（　　　）

(2) お客様から、おいしいケーキをもらう。（　　　）

(3) 兄がお客様をおむかえに行く。（　　　）

(4) もうじき、お客様が来る時間です。（　　　）

(5) 先生が、見学での注意を言う。（　　　）

参る　いただく　くださる
おっしゃる　いらっしゃる

4 ——の敬語《けいご》の使い方が正しいものには、○をつけましょう。まちがっているものは、正しい敬語《けいご》を書きましょう。（一つ5点）

(1) 弟が、先生に頭が痛《いた》いとおっしゃる。（　　　）

(2) 先生が、ていねいに説明してくださる。（　　　）

(3) どうぞ、おかしをいただいてください。（　　　）

(4) 明日《あす》、お客様が家に参る予定です。（　　　）

(5) 校長先生が、大切なことを申し上げる。（　　　）

(6) 母は、先生が出演されたテレビを拝見《はいけん》したそうです。（　　　）

65 テスト①

1 （　）に合う言葉を、□から選んで書きましょう。（一つ3点）

(1) その雨はまるで、氷の（　　）冷たかった。

(2) 今度の土曜日、ぜひ水族館に行き（　　）。

(3) たぶん父は、夜までに帰ってくる（　　）。

(4) もし出かける（　　）、バスで行くとよい。

(5) まさか、雨は降《ふ》ら（　　）だろう。

(6) なぜ、こんな問題がわからない（　　）。

ように・だろう・ても・たい
なら・のか・ない

2 次の組み立てに合う言葉を、□から選んで、記号を書きましょう。（一つ3点）

(1) 和語＋和語　（　）・（　）

(2) 漢語＋漢語　（　）・（　）

(3) 和語＋漢語　（　）・（　）

(4) 和語＋外来語　（　）・（　）

(5) 漢語＋外来語　（　）・（　）

(6) 外来語＋外来語　（　）・（　）

㋐文化祭　㋑マッチ箱　㋒石油ストーブ
㋓平泳ぎ　㋔色ガラス　㋕城下町《じょうかまち》
㋖スクールバス　㋗米俵《こめだわら》　㋘家族旅行
㋙指人形　㋚ラジオ放送　㋛カレーライス

得点
点

3 ことわざと、その意味に合うように、（　）に合う言葉を［　］から選んで書きましょう。（一つ3点）

(1) ①（　）は一見にしかず…何度も人から聞いたり本を読んだりするよりも、②（　）に見るほうがよくわかるということ。

(2) ①（　）は口に苦し…自分のためになる忠告《ちゅうこく》は、聞くのが②（　）きびしいということ。

(3) ①（　）先に立たず…終わったことを、②（　）に思っても、取り返しがつかないこと。

［良薬・残念・実際
百聞・つらく・後《こう》かい］

4 ――の言葉の読みがなを書きましょう。（一つ2点）

(1) 今朝（　）は、窓《まど》からの景色（　）がとても美しかった。

(2) お兄（　）さんは、絵をかくのがとても上手（　）だ。

(3) 八百屋（　）さんで、野菜と、果物（　）を買う。

(4) お姉（　）さんは、とてもきれいに部屋（　）をそうじした。

(5) 虫《むし》眼鏡（　）を手にした、もの知り博士（　）。

(6) 今月の二十日（　）は、お父（　）さんの誕生日《たんじょうび》だ。

(7) 友達（　）といっしょに、七夕（　）の祭りへ行く。

66 テスト②

1 □と読む漢字を、□に書きましょう。（一つ2点）

(1) けい
- □語《ご》の使い方。
- 銀《ぎん》河《が》の□の星。

(2) ひ
- □密《みつ》を守る。
- □評《ひょう》家《か》の話。

(3) とう
- □論《ろん》会《かい》の話題。
- 政《せい》□政治。

(4) うつ(す)
- 机《つくえ》を後ろに□す。
- 鏡に姿《すがた》を□す。

(5) す(む)
- 都会に□む。
- 宿題が□む。

(6) おさ(める)
- 成功を□める。
- 税金を□める。

2 ——の言葉の送りがなを書きましょう。（一つ2点）

(1) しあわせそうな家族。　幸（　　）

(2) まちがいをみとめる。　認（　　）

(3) 年上の人をうやまう。　敬（　　）

(4) あぶない遊びはしない。　危（　　）

(5) となりに荷物をとどける。　届（　　）

(6) あやしいとうたがう。　疑（　　）

(7) 地《ち》域《いき》で災害にそなえる。　備（　　）

得点

点

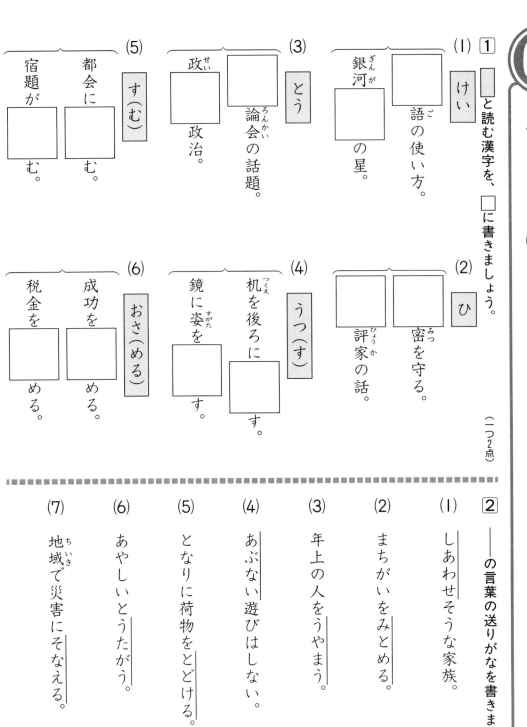

3 次の組み合わせに合う熟語《じゅくご》を、□から選んで書きましょう。（一つ2点）

(1) 反対（対《つい》）の意味の漢字の組み合わせ。
（　　）・（　　）・（　　）

(2) 似た意味の漢字の組み合わせ。
（　　）・（　　）・（　　）

(3) 上の漢字が下の漢字を修飾《しゅうしょく》する組み合わせ。
（　　）・（　　）・（　　）

(4) 「〜に」「〜を」にあたる漢字が下にくる組み合わせ。
（　　）・（　　）・（　　）

(5) 打ち消す漢字が上にくる組み合わせ。
（　　）・（　　）・（　　）

損得・帰国・建造・等分・不調
非情・救助・開閉《かいへい》・開会・私用《しよう》
親友・登山・無事・戦争・縦横《じゅうおう》

---

4 文に合う□と読む熟語《じゅくご》を書きましょう。（一つ4点）

(1) えいせい
人工□□の打ち上げ。
手を消毒して□□に注意する。

(2) こうか
□□なメロンをもらう。
薬の□□で、かぜが治る。

(3) しじ
内閣《ないかく》の□□率《りつ》の推移《すいい》。
先生の□□に従《したが》う。

(4) かいほう
休日に校庭を□□する。
足のけがが□□に向かう。

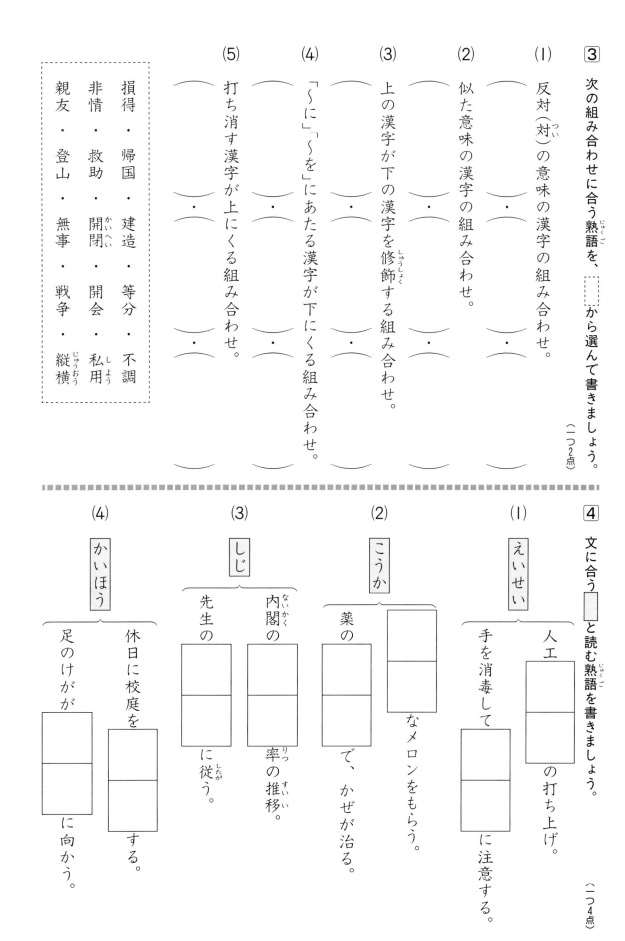

67 テスト③

1 次の文と同じ種類の文を[ ]から選んで、記号を書きましょう。（一つ3点）

(1) 父は、毎日、会社へ行く。（　）
(2) 母が作った料理は、おいしい。（　）
(3) 夏が来て、暑さがきびしくなった。（　）
(4) 真っ白な雪が、一面に降《ふ》る。（　）
(5) 男子は机《つくえ》を運び、女子は窓《まど》をふいた。（　）
(6) 父が買ってくれたゲームは、おもしろい。（　）

ア わたしは、青いぼうしを買う。（単文）
イ 風がふき、雨が降《ふ》った。（重文）
ウ 友達《ともだち》が教えてくれた店は近い。（複文）

2 〈 〉の言葉を主語にして、人に何かをさせる使役《しえき》の文に書きかえましょう。（一つ5点）

〈例〉みんなが歌を聞く。〈姉〉
（姉が、みんなに歌を聞かせる。）

(1) 犬が公園を走る。〈弟〉
（　）
(2) わたしが部屋《へや》をそうじする。〈母〉
（　）
(3) ぼくがかばんを持つ。〈父〉
（　）
(4) たかし君が色を決める。〈先生〉
（　）

得点
点

3 ——の敬語《けいご》の種類を[ ]から選んで、記号を書きましょう。（一つ4点）

(1) 先生が休むようにと、おっしゃる。（　）

(2) わたしは小学生です。（　）

(3) 午後二時にはうかがいます。（　）

(4) お客様が料理をめし上がる。（　）

(5) 明日《あす》の朝に行きます。（　）

(6) お客様がメニューをご覧《らん》になる。（　）

(7) 兄が代表でお話しする。（　）

(8) 父が昔の本を拝見《はいけん》する予定です。（　）

ア ていねい語　イ 尊敬語《そんけいご》　ウ けんじょう語《ご》

4 ——の敬語《けいご》の使い方が正しいものには、○をつけましょう。まちがっているものは、正しい敬語《けいご》を書きましょう。（一つ5点）

(1) 先生がわたしの家まで参る。（　）

(2) 校長先生の申し上げることが、とても興味深かった。（　）

(3) 先生が、理科の実験の準備をなさる。（　）

(4) この絵を、どうぞご覧《らん》になってください。（　）

(5) お客様が、母の料理をいただく。（　）

(6) 先生が、ぼくに絵はがきをさし上げる。（　）

答え

- 文や文章を使った問題では、文章中の言葉を正解としています。
- 例の答えでは、似た内容が書けていれば正解です。
- 〈 〉は、ほかの答え方です。
- 言葉を書く問題や、漢字の書きの問題では、全部書けて一つの正解となります。

1 仲間の言葉　2・3ページ

1 (1)物語　(2)約分　(3)楽器　(4)年表

2 (1)政治　(2)段落　(3)ダンス
(4)発芽・養分　(5)対角線・垂直

※2(4)(5)は、言葉の順序がちがっても正解です。

3 (1)合唱・演奏　(2)分数・面積
(3)でんぷん・二酸化炭素
(4)地図・歴史　(5)デザイン・構図

※3は、言葉の順序がちがっても正解です。

2 反対の意味の言葉①　4・5ページ

1 (1)安い　(2)早い　(3)速い　(4)深い
(5)減る　(6)起きる

2 (1)うすい　(2)速い　(3)浅い　(4)縮む
(5)増える　(6)捨てる　(7)おとろえる
(8)易しい

3 (1)速い車が、おそい車を追いこす。
(2)例厚いパンをうすく切る。
(3)例高い山と低い山が見える。
(4)例九時にねて、七時に起きる。

3 反対の意味の言葉②　6・7ページ

1 (1)間接　(2)有効　(3)空腹　(4)成虫
(5)困難　(6)原因　(7)賛成　(8)減少

4 似た意味の言葉　8・9ページ

2 (1)下　(2)入　(3)安　(4)幼　(5)直　(6)後
(7)満　(8)敗

3 (1)後退〈後進〉　(2)反対　(3)消費　(4)結果
(5)単純　(6)分散　(7)容易　(8)義務

1 (1)報道　(2)出来事　(3)中央　(4)団体

2 (1)修ぜん　(2)事件　(3)建設　(4)中心
(5)報道

3 (1)(○)( )　(2)( )(○)　(3)(○)( )
(4)( )(○)　(5)( )(○)　(6)( )(○)

5 いろいろな働きをする言葉①　10・11ページ

1 (1)(○)( )　(2)( )(○)　(3)(○)( )
(4)( )(○)　(5)( )(○)

2 (1)イ　(2)ウ　(3)ア

3 (1)なぜ　(2)決して　(3)まさか

4 (1)たい　(2)だろう　(3)のか　(4)ように
(5)ない　(6)なら

6 いろいろな働きをする言葉②　12・13ページ

1 (1)(○)( )　(2)( )(○)　(3)(○)( )
(4)(○)( )　(5)(○)( )　(6)( )(○)

2 (1)①ぐらい　②ばかり　③まで
(2)①さえ　②きり　③でも

3 (1)手を挙げていないのは、ぼくだけだった。
(2)例二時間ぐらい歩いたので、つかれた。
(3)例弟はテレビばかり見ている。
(4)例スプーンが三本しかない。

7 いろいろな働きをする言葉③　14・15ページ

1 (1)( )(○)　(2)(○)( )　(3)( )(○)
(4)( )(○)　(5)( )(○)　(6)(○)( )

2 (1)( )(○)　(2)(○)( )　(3)( )(○)
(4)(○)( )　(5)( )(○)

3 (1)馬が牧場を走っていく。
(2)例プレゼントの箱を開けてみる。
(3)例宿題を早めに済ませておく。
(4)例家に本を忘れてしまう。

8 復習ドリル①　16・17ページ

1 (1)輸出　(2)幼虫　(3)満腹　(4)連敗
(5)反対　(6)単純　(7)分散　(8)義務

2 (1)｛(〇)(　)｝ (2)｛(　)(〇)｝ (3)｛(〇)(　)｝ (4)｛(　)(〇)｝

3 (1)①まで ②ぐらい ③ばかり
(2)①きり ②でも ③さえ

4 (1)ない (2)のか (3)たい (4)なら
(5)だろう (6)ような

9 言葉の使い分け① 18・19ページ

1 (1)落ちる (2)流れる (3)残す
(4)曲げる (5)起きる (6)消す

2 (1)回す (2)開ける (3)外す (4)終える
(5)当てる (6)残す (7)起きる (8)映る
(9)落ちる (10)覚める (11)始まる (12)消える

3 (1)池に草花が映る。鏡に顔を映す。
(2)例 急に車が曲がる。針金を手で曲げる。
(3)例 下流に水が流れる。上流から水を流す。
(4)例 天気が急に変わる。机の位置を変える。

10 言葉の使い分け② 20・21ページ

1 (1)温める (2)固まる (3)深める
(4)痛い (5)重み (6)楽しみ

2 (1)深める・深まる
(2)弱める・弱まる〈弱い〉
(3)温める・温まる〈温かい〉
(4)固める・固まる〈固い〉

3 (1)荷物の重さを量る。
(2)例 二つのプールは深さがちがう。
(3)例 歯の痛みを感じる。
〈あまりの痛さに泣いた。〉
(4)例 来週の遠足が楽しみだ。
〈遊園地の楽しさを弟に話す。〉
(5)例 主人公の悲しみがわかる。
〈戦争の悲しさを伝える。〉

11 和語・漢語・外来語① 22・23ページ

1 (1)和語 (2)漢語 (3)外来語・かたかな
(4)和語・漢語・かたい

2 (1)漢 (2)外 (3)外 (4)和 (5)漢 (6)外
(7)和 (8)漢 (9)外 (10)和 (11)外 (12)漢
(13)和 (14)外 (15)漢

3 (1)①和語 ②訓 ③やわらかい
(2)①漢語 ②音 ③かたい
(3)①外来語 ②かたかな

12 和語・漢語・外来語② 24・25ページ

1 (1)果物 (2)果実 (3)規則
(4)ルール (5)宿屋 (6)ホテル

2 (1)｛(　)(〇)｝ (2)｛(〇)(　)｝

3 (1)㋒・㋕ (2)㋐・㋗ (3)㋓・㋖ (4)㋑・㋔
※3は、記号の順序がちがっても正解です。

4 (1)ふるさと (2)牛乳 (3)ニュース

13 決まった言い方をする言葉① 26・27ページ

1 (1)耳 (2)胸 (3)顔 (4)頭 (5)口 (6)手

2 (1)ウ (2)イ (3)オ (4)ア (5)カ (6)エ

3 (1)耳 (2)頭 (3)首 (4)口 (5)手 (6)胸 (7)顔

14 決まった言い方をする言葉② 28・29ページ

1 (1)なみだ (2)油 (3)玉 (4)牛 (5)虫 (6)恩

2 (1)気 (2)花 (3)はく車 (4)えり (5)日
(6)図 (7)きゃっ光

3 (1)カ (2)エ (3)オ (4)イ (5)ア (6)ウ

15 決まった言い方をする言葉③ 30・31ページ

1 (1)焼け石 (2)灯台 (3)好き (4)七転び
(5)後かい (6)三人

2 (1)イ (2)ア (3)オ (4)ウ (5)エ

3 (1)①灯台 ②身近
(2)①良薬 ②つらく
(3)①百聞 ②実際

16 決まった言い方をする言葉④ 32・33ページ

1 (1)小判 (2)五十歩 (3)備え
(4)どんぐり (5)かっぱ

2 (1)①小判 ②役
(2)①筆 ②失敗
(3)①つえ ②前もって

3 (1)ウ・オ (2)ア・カ (3)イ・エ
※3は、記号の順序がちがっても正解です。

17 復習ドリル② 34・35ページ

1 (1)落ちる (2)覚める (3)折る (4)流す
(5)外す (6)始まる (7)消える
(8)開ける (9)残す (10)映る

2 (1)㋓・㋗ (2)㋒・㋖ (3)㋔・㋙
(4)㋑・㋕ (5)㋐・㋚ (6)㋘・㋛
※2は、記号の順序がちがっても正解です。

3 (1)エ (2)カ (3)オ (4)イ (5)ア (6)ウ

4 (1)①百聞 ②実際
(2)①後かい ②残念
(3)①良薬 ②つらく

18 同じ部首の漢字① 36・37ページ

1 (1)水 (2)手 (3)人 (4)家 (5)心 (6)体

2 (1)健・働・似 (2)宅・寄・宿 (3)快・情・性 (4)探・拾・操 (5)談・許・証

3 (1)人 (2)水 (3)家 (4)言 (5)手 (6)体 (7)心

19 同じ部首の漢字② 38・39ページ

1 (1)敬・政 (2)密・宝 (3)棒・模 (4)誌・誤 (5)創・劇 (6)蒸・蔵

2 (1)紅・絹 (2)策・簡 (3)担・批 (4)勤・功 (5)刻・割 (6)樹・株 (7)著・若

3 (1)密・宝 (2)誌・誤 (3)劇・割 (4)若・著 (5)勤・功 (6)政・敬 (7)樹・棒

20 同じ部首の漢字③ 40・41ページ

1 (1)遺・造 (2)忠・忘 (3)過・迷 (4)内・冊 (5)忠・感 (6)庭・座

2 (1)児・元 (2)庁・度 (3)衛・術 (4)団・困 (5)志・忘 (6)逆・退 (7)序・府

3 (1)忠・忘 (2)冊・内 (3)迷・過 (4)遺・退 (5)度・庁 (6)術・街 (7)困・囲

21 関係のある漢字 42・43ページ

1 (1)（　）（○） (2)（○）（　） (3)（　）（○） (4)（○）（　） (5)（○）（　） (6)（　）（○）

2 (1)暑 (2)近 (3)弱 (4)弟 (5)終 (6)貧 (7)答 (8)負

22 漢字のいろいろな読み方① 44・45ページ

1 (1)か　す (2)ちょう　ぱ (3)こん　ま (4)へん　あ (5)しょう　まね (6)めい　まよ

2 (1)しょう　きず (2)らん　みだ (3)げき　はげ (4)そう　まど (5)ほう　ゆた (6)ぞう　ふ (7)し　ささ (8)ぞう　つく

3 (1)ふしょう　きず (2)こんらん　みだ (3)しんかんせん　みき (4)ひょうげん　あらわ (5)そくてい　はか (6)ねんりょう　も

3 (1)かばんを開ける。窓を閉める。
(2)例 人数が多い。ご飯の量が少ない。
(3)例 家の外は明るい。穴《あな》の中は暗い。
(4)例 外国は遠い。友人の家は近い。

23 漢字のいろいろな読み方② 46・47ページ

1 (1)れん　つら・つ (2)かく　さ・おぼ (3)こう　ふ・お

2 (1)せい・しょう　はぶ (2)きょう　そな・とも (3)ぞう　ふ・ま (4)はい　せ・せい

3 (1)へい　と・し (2)ち・じ　おさ・なお (3)れい・つめ　ひ・さ

24 特別な読み方をする言葉 48・49ページ

1 (1)くだもの (2)かわら (3)ことし (4)たなばた (5)てつだう (6)はつか (7)まいご

2 (1)かあ・きょう (2)ねえ・やおや (3)ともだち・たなばた (4)めがね・はかせ (5)へや・けしき (6)ふたり・まっか (7)にい・じょうず

3 (1)妹が、花の絵を上手にかいた。
(2)例 今朝は、いつもより早く起きた。
(3)例 山の頂上からの景色がきれいだ。
(4)例 ぼくの好きな果物はいちごです。
(5)例 迷子の女の子が泣いている。

25 復習ドリル③ 50・51ページ

1 (1)人 (2)言 (3)体 (4)水 (5)心 (6)手

2 (1)若・著 (2)誌・誤 (3)密・宝 (4)忠・忘 (5)度・庁 (6)樹・棒

3 (1)ぞうか・ふ (2)ねんりょう・も (3)しゃそう・まど (4)こんらん・みだ (5)ふしょうしゃ・きず (6)しんかんせん・みき

4 (1)ふたり・まっか (2)ともだち・たなばた

(3)はかせ・めがね (4)やおや・くだもの
(5)へや・けしき (6)ついたち・にい
(7)かわら・けさ

26 文字の由来と特質 52・53ページ

1 (1)㋐ (2)㊀ (3)㋑ (4)㊀ (5)㋑ (6)㋐ (7)㋒ (8)㊀
2 (1)音 (2)音 (3)意 (4)音
3 (1)り (2)チ (3)せ (4)カ (5)ま (6)ヒ (7)ち (8)タ (9)す (10)エ

27 漢字の成り立ち① 54・55ページ

1 (1)雨 (2)子 (3)月 (4)鳥 (5)羽 (6)耳 (7)車 (8)馬 (9)心 (10)犬
2 (1)子 (2)犬 (3)耳 (4)心 (5)雨 (6)鳥
3 (1)信 (2)林 (3)岩 (4)鳴
4 (1)耳・馬・象 (2)上・本・末 (3)信・林・鳴 (4)簡・警・供
※4は、漢字の順序がちがっても正解です。

28 漢字の成り立ち② 56・57ページ

1 (1)シ (2)ショウ (3)ジュウ (4)チュウ (5)チョウ (6)ゾウ (7)シ (8)シャ (9)メイ (10)コウ
2 (1)⺮ (2)氵 (3)心 (4)扌 (5)木 (6)亻
3 (1)米・分 (2)言・司 (3)扌〈手〉・舎 (4)皿・明 (5)糸・従 (6)阝・章 (7)氵〈水〉・原 (8)糸・工 (9)心・相 (10)广・丁 (11)月〈肉〉・蔵 (12)心・中

29 形の似た漢字① 58・59ページ

1 (1)洗 (2)供 (3)訪 (4)肺 (5)否
2 (1)砂・秒 (2)揮・運 (3)詞・飼 (4)飯・版 (5)防・訪 (6)値・置・植
3 (1)洗・先 (2)秒・砂 (3)防・訪 (4)詞・飼 (5)揮・運 (6)置・値・植

30 形の似た漢字② 60・61ページ

1 (1)腹 (2)脈 (3)善 (4)捨 (5)巻
2 (1)習 翌 (2)貸 賃 (3)若 苦 (4)老 孝 (5)城 域 (6)署 著
3 (1)…全二券|巻…。 (2)…拾|捨てる。 (3)…派|脈はくを…。 (4)…苦|若者の…。 (5)地城|域の…。 (6)…署|著名な…。

31 同じ読み方の漢字① 62・63ページ

1 (1)移 (2)就 (3)障 (4)担 (5)肺
2 (1)探 誕 (2)勤 筋 (3)憲 権 (4)衆 収 (5)装 窓 (6)背 拝
3 (1)…公就|衆電話を…。 (2)…世界移|遺産を…。 (3)…分探|担して…。 (4)…窓|装置が…。 (5)…勤|筋肉を…。 (6)…肺|背後から…。

32 同じ読み方の漢字② 64・65ページ

1 (1)視 (2)源 (3)専 (4)頂 (5)糖
2 (1)系 敬 (2)洗 泉 (3)潮 頂 (4)秘 批 (5)討 党 (6)存 尊
3 (1)子ども染|専用の…。 (2)県頂|庁の…。 (3)…源|厳格で…。 (4)…党|糖分の…。 (5)…太陽敬|系の…。 (6)…視|私的な…。

33 同じ読み方の漢字③ 66・67ページ

1 (1)温 (2)収 (3)努 (4)供 (5)値
2 (1)済 住 (2)塩 潮 (3)備 供 (4)映 移 (5)勤 務 (6)収 納
3 (1)…温|暖かい。 (2)…住|済んだ。 (3)…移|映す。 (4)…供|備える。 (5)…勤|務めた。 (6)…納|修めて…。

34 復習ドリル④ 68・69ページ

1 (1)㋒ (2)㊀ (3)㊀ (4)㋐ (5)㋑ (6)㋑ (7)㊀ (8)㋐
2 (1)羽・耳・馬 (2)本・上・末 (3)林・鳴・信 (4)簡・供・警
※2は、漢字の順序がちがっても正解です。
3 (1)憲 権 (2)衆 収 (3)勤 筋 (4)塩 潮 (5)済 住 (6)勤 務

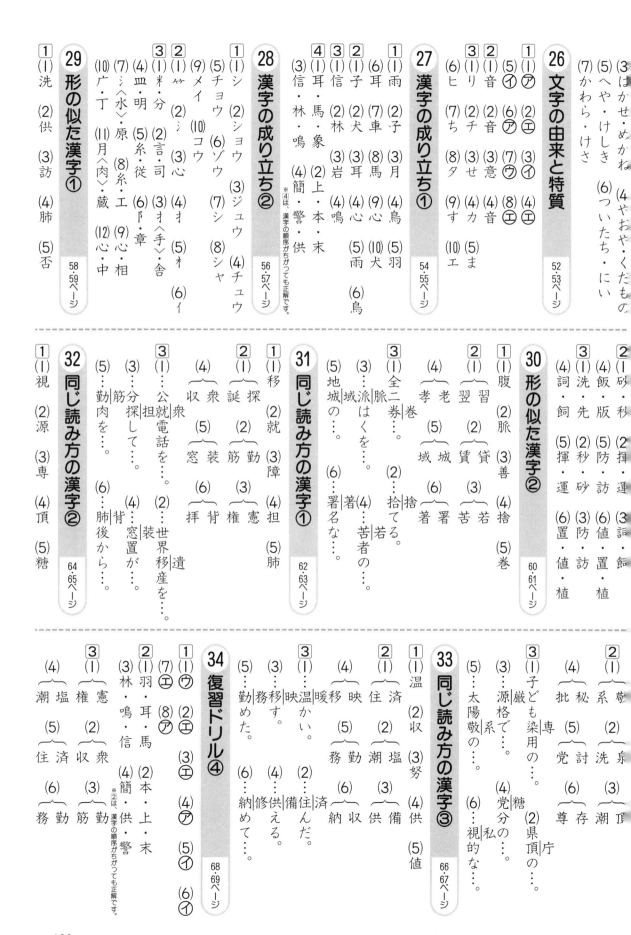

4
(1) 党|糖 分を…。
(2) 太陽敬|系 には…。
(3) …県頂|庁 の…。
(4) …移|映 す。
(5) …住|済 んだ…。
(6) …納|修 める。

35 熟語《じゅくご》の組み立て①

70・71ページ

1
(1) ①得 ②横 ③悪 ④敗
(2) ①暖 ②助 ③造 ④産

2
(1) 損得・増減・開閉
(2) 建造・戦争・学習

※2は、言葉の順序がちがっても正解です。

3
(1) 善・縦・敗
(2) 暖・救・産

4
(1) ①縦 ②閉 ③減 ④善 ⑤勝
(2) ①救 ②戦 ③暖 ④習 ⑤建 ⑥産

36 熟語《じゅくご》の組み立て②

72・73ページ

1
(1) ①用 ②用 ③分 ④友
(2) ①席 ②山 ③港 ④国

2
(1) 急用・私用・親友
(2) 帰国・寄港・開会
(3) 非情・未知・無事

3
(1) 未 (2) 無 (3) 非 (4) 不

※2は、言葉の順序がちがっても正解です。

4
(1) 開会・かいかい
(2) 着席・ちゃくせき
(3) 帰国・きこく
(4) 作曲・さっきょく
(5) 登山・とざん
(6) 寄港・きこう
(7) 消火・しょうか

37 熟語《じゅくご》の組み立て③

74・75ページ

1
(1) ①住 ②梅
(2) ①大 ②新
(3) ①家 ②化 ③的 ④展

2
(1) 衣食住・都道府県・松竹梅・市町村
(2) 短時間・未使用・新商品・大規模
(3) 書道家・大衆化・美術展・積極的
(4) 美術展

3
(1) 小規模
(2) 長期間
(3) 新商品

※2は、言葉の順序がちがっても正解です。

4
(1) 無 (2) 未 (3) 非 (4) 不 (5) 不 (6) 未

38 熟語《じゅくご》の読み方①

76・77ページ

1
(1) かん くだ
(2) しゅ たね
(3) が め
(4) きょう かがみ
(5) ざい つみ
(6) ひょう たわら
(7) めん わた
(8) そう まど

2
(1) けんせつ たてもの
(2) しゃそう まどぐち
(3) きょうだい てかがみ
(4) しゅるい たねび
(5) めんか わたげ
(6) どひょう こめだわら

3
(1) にがて・イ
(2) かかりいん・エ
(3) だいどころ・ウ
(4) せきにん・ア
(5) ばんぐみ・ウ
(6) せなか・イ
(7) うらもん・エ
(8) ぜつぼう・ア
(9) のじゅく・エ
(10) りょうがわ・ウ

39 熟語《じゅくご》の読み方②

78・79ページ

1
(1) 回答 (2) 衛生 (3) 関心 (4) 機会 (5) 意外 (6) 精算

2
(1) 効果 (2) 開設 (3) 快方 (4) 紀行 (5) 決行 (6) 検討 (7) 容易 (8) 支持

3
(1) 用意 容易
(2) 開放 快方
(3) 紀行 機構
(4) 精算 生産

40 復習ドリル⑤

80・81ページ

1
(1) 善悪・増減
(2) 温暖・生産
(3) 親友・急用
(4) 登山・消火
(5) 未知・不幸

※1は、言葉の順序がちがっても正解です。

2
(1) 衣食住・松竹梅
(2) 新商品・短時間・未使用・大規模
(3) 積極的・美術展・書道家・大衆化

※2は、言葉の順序がちがっても正解です。

3
(1) たてもの・イ
(2) ばんぐみ・ウ
(3) しゅるい・ア
(4) にもつ・エ
(5) うらもん・エ
(6) わたげ・イ
(7) じっけん・ア
(8) りょうがわ・ウ
(9) こめだわら・イ
(10) しあい・ウ

4
(1) 感心 関心
(2) 用意 容易
(3) 効果 高価
(4) 解説 開設

41 送りがな①

82・83ページ

1
(1) か き こ い
(2) ま み も ん
(3) かっ けれ
(4) しかっ しく

2
(1) か く い
(2) つ れ ら
(3) かっ く
(4) ましく ましい

(1)①結ん ②結び (2)①増え ②増えれ
(3)①熱い ②熱けれ
(4)①険しけれ ②険しく

42 送りがな② 84・85ページ

1 (1)ぎる (2)りる (3)える (4)める
(5)まる (6)ぜる (7)る (8)める

2 (1)える (2)ける (3)ぜる

3 (1)つめ／ひ (2)ふ／お (3)おぼ／さ (4)ふ／ま

4 (1)閉める (2)過ごす (3)現れる
(4)破れる (5)備える (6)預ける

43 送りがな③ 86・87ページ

1 (1)らう (2)かい (3)い (4)める
(5)ない (6)う (7)る (8)ける

2 (1)ない (2)かく (3)れる (4)り
(5)える (6)い (7)う (8)る (9)う

3 (1)戦う (2)幸せ (3)逆らって
(4)疑われて (5)難しい (6)支える

44 かなづかい 88・89ページ

1 (1)づ (2)お・ぢ (3)い・う
(4)づ・い (5)え・い (6)お・い

2 (1)今日わ|は……外え|へ…。
(2)くうこお|う……おう|おぜいの人…。
(3)…底じ|ぢからお|を発揮…。
(4)…自動車こお|うじょうえ|へ…。

---

(5)かんずめのせえさん…。
(6)弟わ|は…こう|おりを…。
(7)…そお|うじを…ゆ|いう。

45 符号《ふごう》の使い方 90・91ページ

1 (1)（　）（◎） (2)（◎）（　） (3)（　）（◎）
(4)（◎）（　） (5)（　）（◎）

2 (1)エ (2)ア (3)イ (4)オ (5)ウ

3 (1)「ヘレン・ケラー」
(2)ケーキ・プリン・ゼリーから
(3)「洗たく物を取りこんでおいてね。」
(4)例 ——ピアニストになること——

46 復習ドリル⑥ 92・93ページ

1 (1)効い (2)編ん (3)増えれ
(4)熱かっ (5)勇ましく

2 (1)う (2)らう (3)い (4)まる (5)える
(6)ない (7)れる

3 (1)支える (2)断る (3)暖かく
(4)難しい (5)確かめて (6)幼い

4 (1)…公園え|へ…そお|うじ…。
(2)風船わ|は…ちじ|ぢんで…。
(3)おとお|うさんのうでどけえ|いは…。
(4)…本のつず|づきを…とゆ|いう。

---

(5)…みかすきか きれえに…。
(6)おねい|えさんと…かんず|づめを…。
(7)おう|おぜいの…くうこお|うに…。

47 文の組み立て① 94・95ページ

1 (1)犬が (2)鼻は (3)お父さんは
(4)池が (5)箱は (6)弟が (7)魚が

2 (1)イ (2)ウ (3)ア (4)エ (5)ア (6)ウ
(7)エ (8)イ

3 (1)犬がワンワン鳴く。
(2)例 桜がとてもきれいだ。
(3)例 父はバスの運転手だ。
(4)例 近くの公園には、池がある。
(5)例 兄が速いボールを投げる。
(6)例 海には、大きなくじらがいる。

48 文の組み立て② 96・97ページ

1 (1)お茶 (2)歌った (3)入道雲
(4)飛ぶ (5)花だん (6)ケーキ
(7)ふる

2 (1)プール (2)うく (3)紅茶 (4)部屋
(5)おどる (6)みがいた

3 (1)勇ましい (2)美しい (3)楽しい
(4)さわやかな (5)おいしい
(6)にぎやかな

49 文の組み立て③ 98・99ページ

1 (1)主 子犬が 述 走る
(2)主 本は 述 おもしろい

(3)㊟花が　㊞さき
㊟ちょうが　㊞飛ぶ
(4)㊟父が　㊞くれた
㊟絵はがきは　㊞きれいだ

※①(3)(4)の㊟㊞の組み合わせは、順序がちがっても正解です。

②(1)イ　(2)ア　(3)ウ　(4)ア　(5)イ　(6)ウ
(7)ウ

③(1)母が焼いたケーキは、おいしかった。
(2)金魚が泳いでいる水そうは、きれいだ。
(3)兄が投げたボールは、速かった。

50 こそあど言葉　100・101ページ

①(1)（ ）（○）　(2)（○）（ ）　(3)（ ）（○）

②(1)子ねこ　(2)おいしいケーキ
(3)古い池　(4)家の近くのがけ
(5)スプーンとフォーク

③(1)きれいな海　(2)ケースの中身
(3)二つの山　(4)広い川原　(5)大きな絵

51 文をつなぐ言葉①　102・103ページ

①(1)ア　(2)ウ　(3)イ　(4)エ　(5)ア　(6)ウ

②(1)また　(2)だから　(3)さて　(4)しかし
(5)さて

③(1)①だから　②しかし
(2)①また　②ところで　③ところが

52 文をつなぐ言葉②　104・105ページ

①(1)から　(2)のに　(3)ので　(4)し　(5)ば
(6)ても

②(1)明日は遠足だから、早めにねる。

(2)雨が降ってきたのに、かさを持っていない。
(3)赤いペンがほしいし、青いペンもほしい。
(4)暖かい日が差すと、池の氷がとけた。

③(1)朝ご飯を食べた。そして、歯もみがいた。
(2)高熱が出てしまった。だから、学校を休んだ。
(3)ゲームをしたい。でも、もうねる時間だ。
(4)バスで席をゆずる。すると、いい気持ちになる。

53 復習ドリル⑦　106・107ページ

①(1)エ　(2)イ　(3)ア　(4)エ　(5)ウ　(6)ア

②(1)さわやかな　(2)楽しい　(3)おいしい
(4)さびしい　(5)勇ましい

③(1)イ　(2)ア　(3)ウ　(4)イ　(5)ウ　(6)ア
(7)ウ

④(1)冬になった。だから、マフラーを買った。
(2)もう少しねたい。しかし、起きる時間だ。
(3)わたしは金魚を飼っている。また、かめも飼っている。
(4)高いおかの上に立つ。すると、海が見える。

54 いろいろな言い方①　108・109ページ

①(1)聞かれる　(2)取られる　(3)言われる
(4)切られる　(5)思われる　(6)当てられる
(7)運ばれる　(8)引っ張られる

②(1)子ねこが　(2)父に　(3)呼ばれる
(4)わたしたちが〈は〉　(5)先生に
(6)聞かれる

③(1)子どもが、親に心配される。
(2)けが人が〈は〉、父に運ばれる。
(3)友人が〈は〉、先生にしかられる。
(4)ぼくが〈は〉、おじに見られる。
(5)妹が〈は〉、母にほめられる。
(6)わたしが〈は〉、弟に引っ張られる。

55 いろいろな言い方②　110・111ページ

①(1)待たせる　(2)投げさせる
(3)泣かせる　(4)決めさせる
(5)持たせる　(6)考えさせる
(7)言わせる　(8)安心させる

②(1)妹に　(2)子犬に　(3)読ませる
(4)ぼくに　(5)わたしに　(6)考えさせる

③(1)母親が、兄に荷物を運ばせる。
(2)友達が〈は〉、ぼくに荷物を持たせる。
(3)姉が〈は〉、わたしに礼を言わせる。
(4)ぼくが〈は〉、妹に答えを考えさせる。
(5)母が〈は〉、弟に〈を〉一人で行かせる。
(6)先生が〈は〉、班長に課題を決めさせる。

56 いろいろな言い方③ 112・113ページ

1
(1)(◯)( ) (2)( )(◯) (3)(◯)( )
(4)( )(◯) (5)(◯)( ) (6)(◯)( )

2
(1)通りますか (2)話しなさい
(3)かきそうだ (4)登りましょう
(5)見たい

3
(1)例外で遊びましょう。〈外で遊ぼう。〉
(2)例ドーナツを食べません。〈ドーナツを食べない。〉
(3)例黒板を見てください。〈黒板を見てくれ。〉
(4)例ピアノをひきたい。
(5)例明日は晴れるそうだ。〈明日は晴れるということだ。〉
(6)例魚を食べますか。〈魚を食べるか。・魚を食べるの。〉

57 いろいろな言い方④ 114・115ページ

1
(1)( )(◯) (2)(◯)( )

2
(1)( )(◯) (2)(◯)( ) (3)( )(◯)

3
(1)たき (2)氷 (3)絹 (4)だるま
(5)火をふく (6)マシュマロ

4
(1)とてもあまいドーナツ。
(2)バス停に並ぶたくさんの人。〈たくさんの人が並ぶバス停。〉

5
(1)美しかった、夕日が。
(2)寒かった、今年の冬は。〈冬は寒かった、今年の。〉

58 復習ドリル⑧ 116・117ページ

1
(1)例起こしてください〈起こしてくれ〉
(2)例食べたい
(3)例乗りません〈乗らない〉
(4)例暑いだろう〈暑いようだ・暑いらしい・暑そうだ〉
(5)例行きましょう〈行こう〉

2
(1)ぬいぐるみ (2)マシュマロ
(3)火をふく (4)たき (5)絹

3
(1)弟が〈は〉、父にしかられる。
(2)子ぐまが〈は〉、母ぐまに運ばれる。
(3)あきら君が〈は〉、先生にほめられる。
(4)わたしが〈は〉、姉に注意される。
(5)ぼくが〈は〉、みんなに大切に思われる。

4
(1)父が〈は〉、わたしに住所を調べさせる。
(2)母が〈は〉、ぼくにかばんを持たせる。
(3)先生が〈は〉、ひろし君に本を読ませる。
(4)みんなが〈は〉、ぼくに班の名前を決めさせる。
(5)祖母が〈は〉、妹に礼を言わせる。

59 短歌と俳《はい》句《く》① 118・119ページ

1
(1)五音 (2)七・七
(3)①奈良 ②古今和歌集

2
(1)①三十一音 ②千三百年 ③平安
(2)①俳句 ②季語 ③江戸

60 短歌と俳《はい》句《く》② 120・121ページ

1
(1)× (2)× (3)◯ (4)◯ (5)◯ (6)◯

2
(1)(◯)( ) (2)( )(◯) (3)( )(◯)
(4)(◯)( ) (5)( )(◯) (6)(◯)( )

3
(1)(◯)( ) (2)(◯)( ) (3)(◯)( ) (4)( )(◯)

4
(1) 1 2 3
(2) 2 3 1
(3) 3 1 2
(4) 2 3 1

5
(1)蛙 (2)五月雨 (3)菜の花

61 敬《けい》語《ご》の使い方① 122・123ページ

1
(1)①敬意 ②ていねい
(2)①話題 ②敬う
(3)①自分 ②けんそん

2
(1)(◯)( ) (2)( )(◯) (3)(◯)( )
(4)( )(◯) (5)( )(◯) (6)(◯)( )

3
(1)イ (2)ア (3)ウ (4)イ (5)イ
(6)ア (7)イ (8)ウ (9)イ (10)ウ

62 敬《けい》語《ご》の使い方② 124・125ページ

1
(1)(◯)( ) (2)( )(◯) (3)(◯)( ) (4)( )(◯)
(5)(◯)( ) (6)( )(◯) (7)( )(◯) (8)(◯)( )

2 (1) ( )(○) (2) (○)( ) (3) (○)( ) (4) (○)( ) (5) (○)( ) (6) ( )(○)

63 敬語《けいご》の使い方③ 126・127ページ

1 (1)本です (2)見送ります

2 (1)お会いする (2)お聞きする (3)おわたしする (4)お呼びする

3 (1)話される (2)行かれる (3)来られる (4)答えられる

4 (1)お話しになる (2)お読みになる (3)お書きになる (4)お持ちになる

5 (1)うかがう (2)くださる (3)いらっしゃる (4)いただく (5)おっしゃる

6 (1)めし上がる (2)○ (3)例なさる〈される〉 (4)例ご覧になる〈見られる〉 (5)○ (6)例いらっしゃる〈行かれる・お行きになる〉

64 復習ドリル⑨ 128・129ページ

1 (1)①五・七・五・七・七 ②万葉集 ③平安 ④古今和歌集 (2)①五・七・五 ②十七 ③江戸 ④季語

2 (1)ウ (2)ア (3)イ (4)ア (5)ウ (6)イ (7)ウ (8)イ

3 (1)くださる (2)いただく (3)参る (4)いらっしゃる

(5)おっしゃる

4 (1)例申す〈言います〉 (2)○ (3)例めし上がって (4)例いらっしゃる〈来られる〉 (5)例おっしゃる〈言われる〉 (6)○

65 テスト① 130・131ページ

1 (1)ように (2)たい (3)だろう (4)なら (5)ない (6)のか

2 (1)㋓・㋗ (2)㋐・㋘ (3)㋕・㋙ (4)㋑・㋔ (5)㋒・㋚ (6)㋖・㋛

3 (1)①百聞 ②実際 (2)①良薬 ②つらく (3)①後かい ②残念

※2は、記号の順序がちがっても正解です。

4 (1)けさ・けしき (2)にい・じょうず (3)やおや・くだもの (4)ねえ・へや (5)めがね・はかせ (6)はつか・とう (7)ともだち・たなばた

66 テスト② 132・133ページ

1 (1)敬 系 (2)秘 批 (3)討 党 (4)移 映 (5)住 済 (6)収 納

2 (1)せ (2)める (3)う (4)ない (5)ける (6)う (7)える

3 (1)損得・開閉・縦横 (2)建造・救助・戦争 (3)等分・私用・親友 (4)帰国・開会・登山 (5)不調・非情・無事

4 (1)衛星 衛生 (2)高価 効果 (3)支持 指示 (4)開放 快方

※3は、言葉の順序がちがっても正解です。

67 テスト③ 134・135ページ

1 (1)ア (2)ウ (3)イ (4)ア (5)イ (6)ウ

2 (1)弟が〈は〉、犬に公園を走らせる。 (2)母が〈は〉、わたしに部屋をそうじさせる。 (3)父が〈は〉、ぼくにかばんを持たせる。 (4)先生が〈は〉、たかし君に色を決めさせる。

3 (1)イ (2)ア (3)ウ (4)イ (5)ア (6)イ (7)ウ (8)ウ

4 (1)例いらっしゃる〈来られる〉 (2)例おっしゃる〈言われる〉 (3)○ (4)○ (5)例めし上がる (6)例くださる

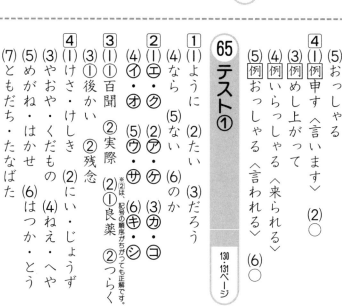